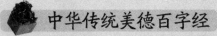

立·人贵自立

于永玉　陈瑜◎编

U0127823

　　一段历史之所以流传千古，是由于它蕴涵着不朽的精神；一段佳话之所以人所共知，是因为它充满了人性的光辉。感悟中华传统美德，获得智慧的启迪和温暖心灵的感动；品味中华美德故事，点燃心灵之光，照亮人生之路。

天津人民出版社

图书在版编目（CIP）数据

立：人贵自立 / 于永玉，陈瑜编. —天津：天津
人民出版社，2012.1
（巅峰阅读文库. 中华传统美德百字经）
ISBN 978-7-201-07348-4

Ⅰ. ①立… Ⅱ. ①于… ②陈… Ⅲ. ①品德教育—中
国—通俗读物 Ⅳ. ① D648-49

中国版本图书馆 CIP 数据核字 (2011) 第 268682 号

天津人民出版社出版
出版人：刘晓津
（天津市西康路 35 号 邮政编码：300051）
邮购部电话：（022）23332469
网址：http://www.tjrmcbs.com.cn
电子信箱：tjrmcbs@126.com
北京一鑫印务有限责任公司印刷 新华书店经销
2012 年 1 月第 1 版 2012 年 1 月第 1 次印刷
690×960 毫米 16 开本 10 印张 字数：100 千字
定价：19.80 元

前 言

中国是一个具有悠久历史和灿烂文化的文明古国，也是举世闻名的礼仪之邦。在历史的长河中，中华民族创造出了绚丽多彩的物质文化和精神文化，为人类的发展和进步做出了重要贡献。其中，中华民族的传统美德被大家代代传承。

那么，什么是传统美德？什么是中华民族的传统美德呢？通常来说，传统美德就是在自觉或习俗的道德规范中，一些被大多数人所接受并实际奉行的，而且在现代仍有着积极影响的那些美德。具体到中华民族传统美德，概括起来就是指中华民族优秀的民族品质、优良的民族精神、崇高的民族气节、高尚的民族情感以及良好的民族礼仪等，是中华民族在历史实践过程中积累而成的稳定的社会优秀道德因素，体现在人们生活的方方面面，涉及政治、经济、文化、意识等领域，并通过社会心理结构及其他物化媒介得以代代相传。

经过长期的历史沉淀，中华传统美德已融入到中华民族的思想意识和行为规范中，成为社会道德文化的遗传基因，成为整个中华民族文化的精神内涵，也是中华五千年文明史的精髓所在。继承和弘扬中华民族传统美德，可以振奋民族精神，增强民族自尊心、自信心、自豪感和凝聚力，使社会主义道德规范具有更丰富的内涵，让社会主义、集体主义、爱国主义思想等更加深入人心，成为社会主义文化的主旋律。同时，还可以更好地协调人际关系，促进社会主义市场经济的健康发展，形成有中国特色的、适应社会发展的价值观和伦理道德规范。

国民的思想道德状况，尤其是青少年的思想道德状况，直接关系着一个国家、一个民族的整体素质，关系着国家前途和民族命运。目前，我国已进入改革发展的新时期新阶段，德育教育的价值和意义更是日渐凸显。大力弘扬中华传统美德，建设社会主义核心价值体系，促进社会主义文化的发展和繁荣，是建设全面小康社会的主要任务，更是实现中华民族伟大复兴的必然要求。因此，党中央非常注重我国公民道德建设，全社会也已形成了加强和改进思想道德建设的新风尚。

青少年是国家的希望，是民族不断发展和延续的根本，因此，青少年德育教育就显得更加重要。为了增强和提升国民素质，尤其是青少年的道德素质，我们特意精心编写了本套丛书——《中华传统美德百字经》。

本套丛书立足当前公民，尤其是青少年思想道德教育的现实，将中华民族的传统美德归纳为一百个字，即学、问、孝、悌、师、教、言、行、中、庸、仁、义、敦、和、谨、慎、勤、俭、恤、济、贞、节、谦、让、宽、容、刚、毅、睦、贤、善、良、通、达、知、理、清、廉、朴、实、志、道、真、立、忠、诚、公、正、友、爱、同、礼、温、信、尊、敬、恭、恕、责、仪、精、专、博、富、明、智、勇、力、安、全、平、顺、敏、思、积、利、健、率、坚、情、养、群、严、慈、创、新、变、革、争、谏、诲、齐、省、克、竞、求、简、洁、强、律。丛书内容丰富、涵盖性强，力图将中华民族传统美德的内涵囊括进去。丛书通过故事、诗文和格言等形式，全面地展示了人类永不磨灭的美德：诚实、孝敬、负责、自律、敬业、勇敢……

这些故事在中华民族几千年的历史长河中，一直被人们用来警醒世人、提升自己，用做道德上对与错的标准；同时通过结合现代社会发展，又使其展现了中华民族在新时代的新精神、新风貌，从而较全面地展示了中华民族的美德。

在本套丛书中，为了帮助读者更好地理解这些源远流长的传统美德，我们还在每一篇故事后面给出了"故事感悟"，旨在令故事更加结合现代社会，结合我们自身的道德发展，以帮助读者获得更加全面的道德认知，并因此引发读者进一步的思考。同时，为丰富读者的知识面，我们还在故事后面设置了"史海撷英"、"文苑拾萃"等板块，让读者在深受美德教育、提升道德品质的同时，汲取更多的历史文化知识。

前言

这是一套可以打动人心灵的丛书，也是可以丰富我们思想内涵的丛书……《中华传统美德百字经》向我们展示的是一种圣洁的、高尚的生活哲学。无论在任何社会、任何时代，给予人类基本力量的美德从来不曾变化。著名的美国政治家乔治·德里说："使美国强大的不是强权与实力，而是上帝赐予的美德。假如我们丢失了最根本且有用的美德，导弹和美元也不能使我们摆脱被毁灭的命运。"在今天，我们可能比任何时候都更应关心道德问题，尤其是青少年的道德问题，因为今天我们正逐渐面临从未有过的道德危机和挑战。

人生的美德与智慧就像散落的沙子，我们哪怕每天只收集一粒，终有一天能积沙成塔，收获一个光辉灿烂的明天。《中华传统美德百字经》中的美德故事将直指我们的内心，指向人性中善良的一面，唤起我们内心深处的道德感。因此，中华民

族的传统美德也一定会在我们的倡导和发扬之下，世世传承，代代延续！

全套丛书分类编排，内容详尽、文字优美、风格独具，是公民，尤其是青少年思想道德建设的优秀读物。愿这些恒久流传的美文和故事能抚平我们每个人驿动的心，愿这些优秀的美德种子能在青少年身上扎根、发芽、生长……

立·人贵自立

《文子·上德》曰："怨人不如自怨，求诸人不如求之己。"这就是说，要想"立身"，就要相信自己、爱自己。人之傲然立于天地间，全靠自己！这也就是"立身"的最关键因素——自立。

自立是不依赖别人、依靠自己的努力做事的行为。实际上，自立是一种自我生存的意识和能力，自立意识和自立能力是互相影响、互相促进的，也是现代人追求的心理素质。中国著名教育家陶行知曾说过一句话："滴自己的汗，吃自己的饭，自己的事情自己干，靠人靠天靠祖上，不算是好汉！"这句话就点明了自立对于人生的重要性。

人的成长过程，就是一个不断提高自立能力的过程。从学会走路开始，我们就获得了身体的自立；当自己吃饭、穿衣时，我们就有了自立的生活体验；到走上工作岗位，我们可以能够自谋生存、自己养活自己了，我们就获得了基本的自立人生。自立可以培养我们吃苦耐劳、珍惜劳动成果、注重家庭亲情、尊重他人的品质，并且还能提高动手能力和解决问题的能力，增强自信心，培养责任心。

学会自立，就会使自己无所畏惧；学会自立，就会使自己自强不息；学会自立，就会增长自己的本领；学会自立，就会增加自己的筹码！学会自立，就会使自己走向希望，走向成功，拥有一个圆满的人生！

"立身"的意义除了自立自强之外，还是一种"走正道"、"持正气"的靠己立身。

人，赤条条地来到世间，从懂事之日起，就需明白"立身"之道，树立正确的人生追求。

人生旅途波澜起伏，坎坷不平。每个人在前进的路上都可能遇到各种各样的矛盾和问题，这就要求我们懂得立身做人的道理，把好思想和行动的"总闸门"，经受住各种复杂环境的考验。

我们每一个人，靠什么立身，走什么样的路，必须有明确的方向和选择。

我们应该靠自己立身，选准榜样立好身。

靠己立身，要有良好的品格。欲立身，先立品。换言之，要立身，先修身，不修身者难以立身，这就要求我们要自己加强品德修养，培养自己的诚实正直、自尊自爱、光明磊落等优秀品质，这是立身之基。

从个人到国家，都须"立身"——自立是其坚强的后盾，"正道"是其锐利的武器。青少年们快从温室中成长起来吧！学会自立，懂得"持正道"，才会成为国家的栋梁之材！

目录

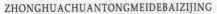

ZHONGHUACHUANTONGMEIDEBAIZIJING

中华传统美德百字经

立·人贵自立

第一篇

自食其力，创造奇迹

自食其力好

 ◎受人养而不能自养者，犬豕之类也；养物而物为我用者，人之力也。——《列子·仲尼》

齐威王（公元前378—前320），中国战国时期齐国国君。妫姓，田氏，名因齐，田齐桓公田午之子。公元前356年继位，在位36年。以善于纳谏用能，励志图强而名著史册。因齐初立，见吴越两国俱称王，自己不甘居下，便也自称"齐王"。

战国时期，齐国有个人，上无片瓦，下无立锥之地，自己又没有一技之长，没有谋生的手段，每天只靠在城里乞讨过日子，因此生活十分困窘。

开始时，人们出于一种同情心，还会给这个人一点残菜剩饭，可是时间长了以后，人们就觉得他来得次数太多了，令人生厌，于是谁也不愿意再给他食物了。他每天只有忍饥挨饿了。

恰好在这个时候，有个姓田的马医因为活太多，忙不过来，需要找一个帮手。这个乞丐便主动找上门去，请求在马厩里给马医打打杂工，以此换取一日三餐。这样，他就再也不用沿街乞讨了，晚上也不必再漂泊流浪，安定的生活使他的日子变得充实起来，干起活来也格外卖力。

可是这时，又有人在一旁取笑他了："马医本来就是一个被人瞧不起的职业，而你不过是为了混口饭吃，就去给马医打杂、当下手，这不是你莫大的耻辱吗？"

这个昔日的乞丐平静地回答："依我看，天下最大的耻辱莫过于寄生虫，靠乞讨度日。过去，我为了活命，连讨饭都不感到羞耻。如今能帮马医干活，用自己的劳动养活自己，这又怎么能说是耻辱呢？"

◎故事感悟

　　这就是人生正确的生活态度。劳动没有高低贵贱之分，在任何情况下，都应该自立自强、自食其力。

◎史海撷英

田氏专齐政

　　田氏出于陈厉公的儿子陈完。陈完，妫姓，陈氏。其先虞舜之苗裔封于陈，遂以国为氏。

　　陈厉公的儿子陈完因避祸逃到齐国，齐桓公便使为工正。由于陈与田的古音相近，因此古书中往往写作田，陈完史称为田敬仲完。

　　田氏传五世至田桓子时，"事齐庄公，甚有宠"，田氏开始壮大。田桓子的孙子田釐子乞，事齐景公。齐景公薨，齐国的卿国氏、高氏立晏孺子为君，结果田釐子连同鲍氏杀高昭子、逐国惠子，立阳生为齐君（齐悼公），弑晏孺子，"田乞为相，专齐政"。

　　田釐子的儿子田成子恒与监止（监，一作"阚"）为齐简公的左右相。于是，田氏与阚氏开始相互争权，结果田常获胜，弑齐简公，立平公，益专齐政。

◎文苑拾萃

齐威王

（宋）徐钧

赏罚严明国富强，独能仗义一朝王。

周网此日微如发，独有人心理未亡。

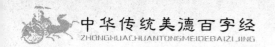

求人不如求己

◎自助者方得神助。——格言

宋孝宗赵昚（1127—1194），南宋第二位皇帝（1162—1189年在位），宋太祖七世孙，初名伯琮，后改名瑗，赐名玮，字元永，谥号绍统同道冠德昭功哲文神武明圣成孝皇帝。他是宋高宗养子，原来是太祖赵匡胤的次子赵德芳的六世孙，父亲为秀安僖王赵子偁。宋孝宗被普遍认为是南宋最杰出的皇帝，在位27年，淳熙十六年（1189年）逊位，让位与儿子宋光宗赵惇。

南宋孝宗年间，朝廷向金国侵略者屈膝求和并承诺每年都向金国进贡。沉重的经济负担转嫁到老百姓身上，老百姓对宋王朝丧权辱国异常愤慨。

这天，宋孝宗带了侍从到西湖天竺庙中游玩，和尚浮辉跟随着他。宋孝宗皇帝看见观世音菩萨手里拿着一串念珠，觉得很奇怪。念珠是佛教信徒念经用的，每念一遍经便拨动一粒珠子。

宋孝宗问道："观世音已经是佛了，他还念经么？"

浮辉回答道："怎么不念？他时时都在念的。"

宋孝宗皇帝问道："他念什么经？"

浮辉说："他念'南无大慈大悲观世音菩萨'。"

宋孝宗哈哈大笑起来，说："哪有自己念自己的道理？"

浮辉说："这叫做'求人不如求己'嘛。"

宋孝宗明白了他的话，于是一声不吭，带着侍从走了。

◎故事感悟

宋孝宗自然懂得：浮辉是巧妙地劝告自己，要依靠自己力量奋发图强。我们每个人不管遇到什么事情，也都要自食其力，自立自强。

◎史海撷英

隆兴和议

绍兴三十一年（1161年），金海陵王完颜亮为了实现自己"屯兵百万西湖上，立马吴山第一峰"的美梦，兵分四路向南侵宋，不料在采石矶遇到了虞允文的顽抗。同时，金世宗完颜雍在辽阳称帝，使金兵也发生了哗变，最终完颜亮被杀，南下的金军也无功而返。

刚刚登位的完颜雍无力对外用兵，于是派出使臣首先向宋提出和议。由于宋孝宗继位之后派张浚北伐，遭到了符离之败，为主和派抓到了口实，并且暗示金人出兵两淮，因此被迫和议。

隆兴二年（1164年），金兵果然大规模南下，迫近长江，南宋朝廷最终决定与金重新议和。史称隆兴和议。

◎文苑拾萃

最节俭的皇帝

南宋时期的宋孝宗以身作则崇尚节俭，史料上也称宋孝宗"性恭俭"，就是恭谨俭约的意思。宋高宗称赞他"勤俭过于古帝王"。

宋孝宗在刚刚即位时，就不肯用乐。他平时生活的花费也很少，经常穿着旧衣服，而且不大兴土木。平时，他也很少赏赐大臣，宫中的收入多年都没有动用，以至于内库穿钱币的绳索都腐烂了。宋孝宗认为："我没有其他太大的作为，只

是能够节俭。"

孝宗还经常告诉身边的士大夫："士大夫是风俗的表率，应该修养自己的德行，以教化风俗。"

宋孝宗不但节俭，而且尊佛崇道，除奸邪褒忠良，昭雪冤案，励精图治，使南宋出现了"乾淳之治"的小康局面。

刘世光夫妇自力更生

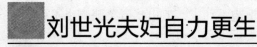

◎求友不如求手。——陶行知

2009年的一天，在四川省内江市威远县新场镇街上，有两个老人正在卖菜。别人问他们多大岁数，旁边卖菜的女士忙帮着介绍说："这两位，一个82岁，一个79岁。但别看他俩靠低保金和卖菜过日子，他们却过得很有骨气的。"

这两位老人是夫妻，就住在新场镇上。他们是当地出名的"硬骨头"——刘世光夫妇。夫妇二人养大了一对儿女，儿女长大后也都成家立业了，眼看日子过得不错，可好景不长，几年后儿女纷纷下岗。

儿女们的生活条件都不太好，因此两个老人也从来不向儿女们伸手要赡养费，老两口始终自力更生地过日子。平时，刘世光帮人打油粑赚点小钱，老伴钟书仙就挖些野菜到镇上卖。老两口的日子虽然过得紧巴，但从不叫苦抱怨，也不给儿女和政府增添负担。

自从国家城镇的低保政策出台后，邻居们都劝两位老人："你们年纪大了，家庭经济条件也不太好，还是去找一找政府，解决一下经济紧张的问题吧。"

然而钟书仙老人却摇头，笑着说："算了，我们不去给政府添麻烦，自己能挣点就自己挣。"

由于没有主动申请，所以第一批低保名额没有两位老人，第二、三批依然没有他们，等到第四批时，终于有了他们的名字。但两位老人不仅没有丝

毫怨言，还一个劲儿地推让名额。纳入低保后，老人还不停地感谢党和政府的关怀。

仅靠领低保金生活是不够的，所以两个老人仍然坚持靠自己的劳动挣钱。可年纪一天比一天大了，老人卖油粑跑不动了，上山找野菜腿脚也不那么灵便了，最后，他们选择了贩卖小菜。

起初两位老人没有什么经验，小菜是"水气货"，如果进的菜当天卖得快，还能赚点钱，否则就会亏本。后来，他们慢慢有经验了，知道哪些菜好卖了，进菜的量也就能控制得恰到好处。

为了让"回头客"多一点，老人还经常从报纸、电视上学一些营养知识，认真听取一些顾客的意见和建议，卖菜时给顾客介绍什么菜吃了对人有什么好处……现在，到老人摊位上买菜的顾客很多，很多都是回头客。

为了经营好自己的小买卖，刘世光夫妇每天早上5点一过就起床了，然后把蔬菜筐、秤等用具都收拾好，再用架车拉着菜往市场赶。刘世光负责摆摊子，钟书仙就去进货，把当天要卖的菜进好后，老人就买两个馒头边吃边卖菜，中午则在外面吃点面条或水粉，晚上收摊后才能回家做饭吃。

老人觉得，自己早饭和午饭不在家做饭吃，一是能节约时间多卖点菜，二是不开火也可以少点开销，过日子就是要精打细算，所以不管夏天冬天，他们都是天黑了就睡觉，看电视时间也从不超过一个小时，这样既能多睡点觉，养足精神做买卖，也能节约电费。他们吃的菜大都是卖剩下的菜，如果没有剩菜时就吃咸菜和臭豆腐。吃的猪油也多半是买价钱便宜的肥肉熬制的，这样比买猪板油或菜油相对省三分之一左右。

"生活苦点、累点没得啥，活就要活得硬气。"刘世光笑着说，"我们有低保金，加上卖点菜，维持生活还是没有什么问题的。但是，我们还是要学会自己照顾自己。孩子们的家庭状况都不是那么好，不能总给他们增添负担。政府已经给了我们低保金，我们也不能再麻烦政府。而且，我们还是要节约点好，要不然本身收入就少，如果花钱大手大脚，手上经常没得钱用，那么，我们还谈什么自己生活呢！"

◎故事感悟

如此高龄的老人，仍然以自食其力为生活的基准，活得有骨气！当今社会虽然物质比较丰富，但这并不代表我们就不需要自立自强了。我们更应该将这种"自己动手，丰衣足食"的人生态度和精神继承和发扬下去！

◎史海撷英

抗战时期提出的自力更生

抗日战争胜利之时，针对一些人迷信武器，不相信人民群众力量的错误认识，毛泽东在1945年8月13日延安干部会议上所作的《抗日战争胜利后的时局和我们的方针》演说中提出了"自力更生"的原则。

他说："我们的方针要放在什么基点上？放在自己力量的基点上，叫做自力更生。我们并不孤立，全世界一切反对帝国主义的国家和人民都是我们的朋友。但是我们强调自力更生，我们能够依靠自己组织的力量，打败一切中外反动派。"

从此，"自力更生"就成了中国共产党和中国人民相信自己，依靠自己，战胜一切艰难险阻的斗争口号。

这个口号后来还演变为"自力更生，艰苦奋斗"或"自力更生，奋发图强"等口号。

◎文苑拾萃

自立立人歌

陶行知

滴自己的汗，吃自己的饭，自己的事自己干。

靠人、靠天、靠祖上，不算是好汉。

滴自己的汗，吃自己的饭，别人的事我都着干。

不救苦来不救难，可算是好汉？

滴大众的汗，吃大众的饭，大众的事不肯干。

架子摆成老爷样，可算是好汉？

大众滴了汗，大众得吃饭，大众的事大众干。

若想一人包办，不算是好汉。

自食其力的姜春梅

◎靠别人只能是暂时的，靠自己才是终生的。——格言

　　姜春梅来自湖北省枣阳市的一个贫困家庭。2003年9月，从未进过大城市的姜春梅考进了武汉科技大学。由于家庭困难，她只从家里带了8000块钱，交了所有费用后，还余下800多元的生活费。

　　那时学校的生活费还不贵，她每天的饭钱不超过3元，这样每个月100元也就够了。这余下的800多元，足够她一学期的生活开支。

　　开学的第二个月，姜春梅就看到了校内宣传栏上的家教信息，每小时的报酬是10元。姜春梅觉得，能为父母分担多少负担就分担多少，于是姜春梅找到了第一份家教。

　　每次做完家教后，姜春梅回校时都已是晚上9点多钟了，下车还要走一段路。面对黑夜中的庞大城市，她有些害怕，但却从没有因害怕走夜路放弃来之不易的工作，而且自立自强的她也赢得了家教家长的认同。后来，这位家长还给她介绍了另外两份家教，甚至主人家的同事、朋友等也都主动给姜春梅介绍工作。

　　三年多的大学生活，姜春梅共做过14份家教和7份兼职。从大学一年级过后，她不仅没向家里要过钱，还给爸妈各买了一套衣服。每次过年，她都会塞给爸爸一些钱，以贴补家用和给弟弟交学费。

　　大二的上学期，姜春梅在某新华书店的门口摆了个找家教的地摊。一位初三学生的家长向她询问价钱，姜春梅考虑到辅导这个孩子的难度大一些，

就告诉家长每小时要15元。家长爽快地回答说:"只要教得好,钱无所谓。"

这名学生的家住的地方离学校有15分钟的路程,而且每次都限定在晚上8点到10点辅导;所以,每次姜春梅都要晚上11点才能回到宿舍。

有一天晚上,天下起了大雨,姜春梅依然坚持去做家教。不料在下车时,她被疾驶而过的车带倒了,人倒在满是污水的地上,胳膊和腿都擦伤了。姜春梅挣扎着坐起来,揉一揉摔紫的地方,然后咬一咬牙,强忍住眼泪,硬是一瘸一拐地走到了学生家。

做完家教回到宿舍后,姜春梅才发现自己伤得不轻,赶紧到校医院上药包扎。

姜春梅偶尔也有些心酸,为什么自己不能像别的学生一样"正常"地生活呢?但是,每每想到两小时的家教费就可以顶她爸爸一天的工钱,她就不再有任何怨言,再多的辛苦也能承受。

姜春梅尽心尽力地给孩子们辅导课程,但两个月过去了,家长却一直没给她工钱,她也不好意思开口要。两个多月后,这位家长付给她的钱是两小时15元,而不是原本说的每小时15元。

感到非常委屈的姜春梅没有哭,她告诉自己要坚强。除了家教外,发传单,搞促销……为了筹学费和生活费,姜春梅马不停蹄,究竟吃了多少苦,只有她自己知道。

最累的时候,姜春梅周末一天要做四份家教。上午8点到12点分别给两个孩子上课;中午在街边买点小吃后,就到附近的公园里散散心,适当休息一下,然后下午2点到6点再给另两个孩子上课。

在上大学前,和很多来自农村的孩子一样,姜春梅从未接触过电脑,甚至不知如何开机。入学时,上机考《学生手册》,考试都半小时了,她还没登录上去。姜春梅急得眼泪都要出来,后来是班里一个男生帮她登录了上去。

此后她的心再也无法平静:自己学的是信息管理和信息系统专业,怎么能连计算机最基本的操作都不会?

不服输的姜春梅挤出所有休息时间，将那本《计算机公共基础》看了好几遍，遇到不懂的就做记号，问同学和老师。那段时间除了兼职，她一门心思地扑在计算机上。一有时间就去机房，从打字学起……一个月后，她不但听懂了老师课堂上讲的内容，也可以熟练地上机操作了。期末，她考了全系第一名。

姜春梅的努力得到了回报，连续四个学期，她都是全系第一。几年下来，她的各门功课平均都是90分，每学期都能拿到奖学金。在大二时，她还一次性通过计算机二级、英语四、六级考试。

姜春梅所在的信息管理系有一次评奖学金，如果按专业排名可以产生一个甲等奖学金，姜春梅有两次机会，但为了扩大奖学金的受益面，姜春梅自动放弃了这一机会。

◎故事感悟

姜春梅凭着自己自立的性格和顽强拼搏的精神，克服了所有困难，为我们树立了一面鲜明的旗帜。贫困，并不可怕，可怕的是你丢掉"自立"而贫困！

◎史海撷英

家教的历史沿革

家教是家庭教师的简称，是职业的一种，指被个别家庭以特定的报酬聘为私人教师的从业者。

家教一般由在职老师、专职家教等构成，通常负责为学生补习功课，或是教授某些技能，例如乐器、语言等。

在我国，家教的鼻祖是孔子。孔子曾周游列国，在各国的接待处演讲，有时还会席地而坐，对弟子进行教育，有时则运用简单的器具给弟子以启示。后来，后人就效仿孔子的做法，慢慢也就形成了这种家庭教师的模式。

◎文苑拾萃

姜春梅语录

（1）种瓜得瓜，种豆得豆，付出总会有回报的。

（2）大学里除了学习知识，我还收获了很多东西，比如说自信，比如说乐观，比如说克服困难的勇气。成长是一件痛苦而快乐的事情，但是我相信，只要敢于拼搏，无论遇到怎样的困难，我们都能克服，改变它，生活将越来越美好。

（3）我没有怨言了，再大的苦我都愿意承受。

汪会旺与七个孩子共进退

◎躬耕垄亩，勤苦自立。——《宋史》

　　汪会旺是江西省铅山县汪二镇人。他平时靠在农村给喜事说唱和做导游为生，尽管生活艰苦，却收养了五个弃婴和两名贫困家庭的孩子，并把他们送进学校读书识字。他的这一义举，以及他自强不息的精神，在当地被传为佳话。

　　汪会旺两岁丧母，八岁丧父，是本村的一位好心的孤寡老人收养了他。不幸的是，两年后，这位老人也去世了，而汪会旺自己又患上了严重的骨髓炎，右腿肌肉萎缩，落下了终身的残疾。

　　病好后，为了生计，小小年纪的汪会旺凭着一副好嗓子四处给人说唱。年纪稍大一点后，他又来到葛仙山上当"土导游"。尽管生活十分艰难，但汪会旺从来都是不偷不抢，不取不义之财，本本分分地生活。

　　1982年7月的一天下午，汪会旺来到铅山县汪二镇桥东村说唱，看到一个盗贼溜进了一户村民家里行窃。他大喊捉贼，盗贼丢下钱物后惊慌逃窜。汪会旺捡起钱物，一直等到傍晚主人回来，才将钱还给主人。

　　屋主被汪会旺的诚实善良所感动，主动让出自己老房子的半边给他居住。从这以后，汪会旺便有了一个相对稳定、可以遮风避雨的"家"了。

　　汪会旺有了落脚之地后，便开始收养弃婴。1989年的农历八月十六，汪二镇熙熙攘攘的街头，一个女婴被人装在竹篮里扔到了路边。直到第二天晚上看热闹的人群散去后，这个被人遗弃的女婴仍然躺在街头的竹篮里，而且已经奄奄一息。路过这里的汪会旺看到了，动了恻隐之心，把女婴抱回了家，

15

并给孩子取名汪艳。从此，他就请来桥东村的顾老太太帮忙护养这个孩子。

转眼六年过去了，小汪艳到了上学的年龄。汪会旺不想让汪艳跟自己一样不识字，做"睁眼瞎"，因此，1994年7月，汪会旺把汪艳送进了汪二镇中心小学。

后来，汪艳的亲生父亲得了重病，卧床不起，希望在有生之年能够再见这个女儿一面，因此托人找到了汪艳。为了满足汪艳生父的愿望，汪会旺把汪艳送回了老家。

从那以后，汪会旺又先后收养了四个弃婴。每次收养，他都不讲条件。孩子生病了，他毫无怨言地想方设法筹钱为他们治病；孩子想要上学，他也是尽量满足他们的要求。

抚养了一段时间，汪会旺与孩子建立了一定的感情，弃婴的生父或者福利部门就会找上门，要领走他们。这时，汪会旺虽然舍不得，但却从来没有拒绝过。每当他遇到这样的情况时，总是说："只要小孩有前途，我就高兴。"

2001年，39岁的汪会旺终于有了一个真正意义上的家。他的妻子何莲仙也是个苦命人。五年前，何莲仙前夫因患精神病长年在外疯走，两个孩子又在上学，生活十分艰苦。汪会旺到这里说唱时认识了何莲仙，并且非常同情她的遭遇，还把身上仅有的35元钱给了何莲仙。

何莲仙的丈夫病故后，在好心人的撮合下，在征得了何莲仙儿子吴溯恒、女儿吴小芝同意后，汪会旺就把何莲仙和她的一双儿女接到了自己家中，组成了一个特殊的大家庭。但是，这个特殊的家庭仍然把收养弃婴当做自己责无旁贷的使命，不论在怎样艰难和困苦的情况下，都坚持收养弃婴。

汪会旺的家虽然很清贫，但他感到很幸福。妻子何莲仙每天都把家里收拾得干干净净，孩子们读书也很争气。只是每年多达近万元的学费、生活费让汪会旺感到有点喘不过气，所以每学期开学，汪会旺都要四处筹借。

汪会旺的事迹感动了周围的村民，许多好心人都纷纷向这个特殊的家庭伸出了温暖和援助的双手。

◎故事感悟

一个仅可以自食其力的残疾人，却用自己省吃俭用省下的钱帮助和自己同命相连的特殊儿童。用关爱让他们感受到温暖的存在，并用行动践行了自强不息的精髓。

◎史海撷英

中国残联历史沿革

中国残联是中国残疾人联合会的简称，是由中国各类残疾人代表和残疾人工作者组成的全国性残疾人事业团体。

1988年3月11日，中国残联在北京正式成立。它是在中国盲人聋哑人协会（1953年成立）和中国残疾人福利基金会（1984年成立）的基础上组建而成的。

中国残疾人事业也是随着新中国的成立、随着经济和社会发展而逐步发展起来的。残疾人问题也是人类社会的固有问题，但在解放前，由于帝国主义、封建主义和官僚资本主义的统治和奴役，由于经济文化的落后，残疾人处于社会的最底层，过着沿街乞讨、朝不保夕的生活。

新中国成立后，党和政府十分关注残疾人的生活，建立了残疾人组织，开展生产自救等工作，将帮助残疾人的工作逐步提到议事日程上来。

新中国成立初期至20世纪60年代的中期，是残疾人事业的初创阶段。党的十一届三中全会以后，尤其是中国残疾人联合会成立以来，中国残疾人事业随着国家经济腾飞而走上了一条稳健发展的道路，残疾人工作也进入了一个新的历史时期。

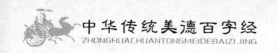
李嘉诚教子自立

◎如果子孙是优秀的，他们必定有志气，选择凭实力去独闯天下。留给他们万贯家财只会助长他们贪图享受、骄奢淫逸的恶习，最后不但一无所成，岂不是害了他们吗？——李嘉诚

> 李嘉诚（1928—），出生于广东潮州，现任长江实业集团有限公司董事局主席兼总经理。1940年为躲避日本侵略者的压迫，全家逃难到香港。1958年，李嘉诚开始投资地产市场。1979年，"长江"购入老牌英资商行——"和记黄埔"，李嘉诚因而成为首位收购英资商行的华人。所获荣誉：1981年获选为"香港风云人物"、并被委任为太平绅士、1989年获英女皇颁发的CBE勋衔、被评选为1993年度香港"风云人物"等。

李嘉诚的两个儿子——李泽钜和李泽锴虽然都出生在富贵之家，但却很少有机会享受到奢华的生活。

孩子们小的时候，李嘉诚很少让他们坐私家车，却常常带他们一起坐电车、巴士等。有一次，李嘉诚看到路边有个摆报摊的小女孩，一边卖报纸一边捧着课本学习，就特意带两个儿子经过这个报摊，让他们学习小女孩认真学习的精神。

李家两兄弟的小学是在香港的圣保罗小学上的。在这所顶级名校中，许多孩子每天都是车接车送，满身名牌，可李泽钜和李泽楷却经常与爸爸一起挤电车上下学。后来，两个孩子经常闷闷不乐地向父亲发问："为什么别的同学都有私家车专程接送，而您却不让家里的司机接送我们呢？"

每次听到两个孩子的质疑，李嘉诚都会笑着解释说："在电车、巴士上，

你们能见到不同职业、不同阶层的人，能够看到最平凡的生活、最普通的人，那才是真实的生活、真实的社会；而坐在私家车里，你什么都看不到，什么也不会懂得。"

因此，两个孩子与许多普通家庭的孩子一样，都在拥挤的电车中一天天长大。那些神色匆忙满身疲倦的成年人、那些和他们一样挤电车的孩子让他们懂得，真实的生活中充满了辛勤和劳累，安逸和奢侈并不是生活的常态。

李泽钜两兄弟一天天长大，李嘉诚便决定送他们出国上学，让他们独立生活。这个决定对于15岁的李泽钜和13岁的李泽楷来说，未免过于严酷。因为这将意味着两个孩子要离开父母，告别衣来伸手饭来张口的生活，独自面对外面陌生的环境，自己安排学习和生活了。

的确，让这么小的孩子就告别无忧无虑的家庭生活，独自到千里之外的美国加利福尼亚去求学，李嘉诚是下了狠心的。之所以这样做，望子成龙的李嘉诚是有自己的想法的：让孩子们早一点独立生活，胜过给他们金窝银窝。

到美国的第一夜，李泽钜和李泽楷两兄弟就被排山倒海的陌生和寂寞弄得手足无措。以前，大事小情都要依赖父母，现在，父母远在万里之外，什么事情都要自己解决，这让兄弟两人无所适从。更糟糕的是，由于语言不通，两人感到举步维艰。在这里，他们才第一次真正体会到了什么叫做独自面对生活。

李嘉诚的妻子对远方的儿子也是格外牵挂，尤其是接到儿子们声泪俱下的电话时，更是心如刀绞。可是，她明白李嘉诚这样做的良苦用心——父母不可能永远守护在孩子身边，只有让他们早一些经受暴风雨的洗礼，才能锻炼他们的意志，培养他们的生存能力，让他们在未来的道路上经得起风吹雨打。所以，每次儿子们打来电话哭诉委屈时，她都坚定地鼓励他们坚持下去。她也与李嘉诚一样，都希望儿子们的翅膀可以尽快地硬起来，慢慢学会自己飞翔。

于是，李泽钜两兄弟在美国开始了独立生活的第一个篇章。除了学习外，他们要面对的第一件事情就是做饭。虽然李嘉诚教子甚严，但两个孩子却从没有下过厨房自己做饭。为了解决一日三餐的问题，小哥俩开始跟着电视上的一个专门教做菜的节目学做菜，每天跟着主持人学烧菜，不到一个月的时间，他们就学会了几道风味菜的做法，然后开始生活得像模像样了。

在照顾好自己的生活后，李泽钜兄弟俩还利用学习之余积极寻找打工的机会。当时，两个人的交通工具就是一人一辆自行车。有些熟悉他们的朋友得知他们在打工，而且还不开跑车骑自行车去，不免感到诧异："你们的父亲是亚洲的大富豪，为什么还要这么辛苦？"

哥俩相视而笑，耸耸肩回答说："那又怎样！"

事实证明，李嘉诚的狠心是正确的。后来，李泽钜和李泽锴都以优异的成绩从美国斯坦福大学毕业。

然而，当他们准备进入父亲的公司施展才华时，李嘉诚却对儿子们说："我的公司不需要你们！"

兄弟俩愣住了，说："爸爸，别开玩笑了，您有那么多公司，就不能安排我们工作？"

李嘉诚斩钉截铁地说："别说我只有两个儿子，就是有20个儿子也能安排工作。但是，我希望你们先去打自己的江山，让实践证明你们有资格到我公司来任职。"

于是，李泽钜和李泽楷两兄弟再次离开了香港，来到加拿大，白手起家，一切从零开始。在磕磕绊绊之后，两人终于有所成就，李泽钜成功地经营了一家地产开发公司，李泽锴则成了多伦多投资银行最年轻的合伙人。在他们的创业过程中，李嘉诚冷酷得不近人情，什么都是不管不问，任凭两个孩子自己在商海里挣扎拼搏。

在李嘉诚的培养下，李泽钜和李泽楷在独立处理加拿大世界博览会旧址的庞大发展规划和策划收购美国哥顿公司"垃圾债券"等一系列大动作中，都表现出惊人的胆识和灵敏的商业头脑。为此，李嘉诚曾自豪地说："即使我不在，凭着他们个人的才干和胆识，都足以各自独立生活，并且养家糊口，撑起家业。"

正是由于李嘉诚的不管不问，成就了两个儿子自立自强、奋发向上的品格。如今，李泽钜和李泽锴都已经成长为香港乃至世界上举足轻重的商界大腕。

◎故事感悟

对儿子们，李嘉诚是慈爱的，他的慈爱基于任何一个父亲的本性；而对于儿子们自食其力的培养，李嘉诚是清醒且绝情的，他的这种清醒与绝情是掩藏于大爱之下的教育思想的深度与苛求，这种深度与苛求尤其让人敬佩。

◎史海撷英

一枚硬币的故事

有一次，李嘉诚从家中走出来准备去上班。正当李嘉诚弯腰准备上车的刹那，不小心从上衣的口袋中掉出了一枚硬币。

不巧的是，这枚硬币一下子就滚落到路边的井盖下面。于是，李嘉诚让秘书通知专人前来揭开井盖，小心翼翼在井下寻找该硬币。

大约10分钟后，终于找到了硬币，于是李嘉诚"奖励"这位服务人员100元港币。李嘉诚说："一枚硬币也是财富，如果你忽视它，它'落井'了，你不去救它，那么慢慢地财神就会离你而去；100元港币则是李嘉诚先生对服务的满意、也是他该得的报酬。"

◎文苑拾萃

进军海外登富首

（现代）杨选兴

塑胶花开万里艳，地产虎跃千股红。

入主和黄蛇吞象，收购港灯熊变龙。

进军海外登富首，投资内地成豪雄。

创办汕大报华夏，繁荣紫荆见彩虹。

ZHONGHUACHUANTONGMEIDEBAIZIJING

中华传统美德百字经

立·人贵自立

第二篇

战胜自我，走向辉煌

自学成才的贺时泰

◎面壁十年图破壁。——周恩来

贺时泰（1546—1629），字叔交，号阳亨，江夏武昌人（其父贺永源，母唐氏）。贺时泰被敕封翰林院编修、文林郎，著述有《思聪录》等。

在明朝嘉靖年间的一天，湖北江陵县（今武汉市武昌区）的学宫门前，人们熙熙攘攘，互相拥挤，抢着看一张县学教官贴出的布告，有人还不时地发出惋惜的声音。

原来，布告上写的是品学兼优、考试成绩一直名列前茅的贺时泰被开除了。被开除的原因，是由于他大病过后双耳全聋了。有人为之惊奇，有人为之婉惜。这时，一个衣着朴素的少年默默地挤进人群看了布告，然后又默默地挤出人群，头也不回地走了。这个人，就是贺时泰。

在封建社会里，被县学开除就意味着通过科举做官的道路已经行不通了。这对于以追求做官为目的的读书人来说，无疑是一个巨大的打击。

然而，贺时泰却不是这样想的。他觉得，读书并不是为了做官，而是通过读书使人增长知识，培养人的高尚品德，为社会做一些有益的事。所以，贺时泰虽然被开除学籍，却并不灰心丧气，仍然坚持刻苦自学，潜心研究学问。

"宝剑锋从磨砺出，梅花香自苦寒来"。贺时泰刻苦学习，知识愈来愈丰富，慢慢地在地方上有了好名声。为了抵制那些歧视聋哑人的习惯势力，他给自己取了一个别号"聋人"，并办了一所私塾，招收学生读书。

贺时泰还潜心著述，先后写出了《思聪录》、《作师篇》、《人模样》等七部著作。其中，《人模样》一书是专门研究人应该具备什么样的品德的书。该书是他高尚心灵的写照，大家都尊称他为"人模样先生"。

贺时泰不仅教出了很多优秀学生，而且，他把他的儿子贺逢圣也教育、培养成了一个学问渊博、品德高尚的人。后来，贺逢圣因不畏权势，与实权派大奸贼、大宦官魏忠贤作坚决的斗争而名震一时。魏忠贤被处死以后，贺逢圣也被提升为礼部尚书、文渊阁大学士，当上了宰相。

◎故事感悟

　　贺时泰没有因为自己的身体缺陷而意志消沉，也没有完全依靠别人，而是以坚强、独立的精神去拼搏和奋斗。这种体现中华民族传统美德的精神品德值得继承和发扬。

◎史海撷英

魏忠贤之死

明朝时期的宦官魏忠贤之所以可以胡作非为，仰仗的是荒嬉度日、懒于政事、稀里糊涂的天启皇帝明熹宗朱由校撑腰。

天启七年（1627）秋八月，明熹宗病死，信王朱由检入继帝位，改元崇祯，即为明思宗。朱由检一向熟知魏忠贤的罪恶，同时，东林党人也都纷纷上书弹劾魏忠贤，于是，明思宗下令将魏忠贤发配凤阳。后来又派人逮捕治罪。魏忠贤自知难逃一死，畏罪自杀，结束了他罪大恶极的一生。

◎文苑拾萃

贺姓的起源

史料记载，贺姓出自姜姓，是为避帝王名讳所改的姓氏。

春秋时期，齐桓公（姜姓）有个孙子名叫公孙庆克，他的儿子庆封以父名命氏，称为庆氏。

庆封在齐灵公时担任大夫，在庄公时与崔杼曾为上卿，执掌国政。后来，两人再升为左右相国。因崔杼家中发生内乱，庆封便以弑君罪灭掉崔氏，独霸朝政。于是，庆封就把政事交给儿子庆舍处理，自己只管享受，结果引起了朝上朝下对庆氏的不满。

后来，庆封的亲信卢蒲嫳和王何趁庆封外出之机，杀死了庆舍。庆封见势不妙，便逃到了吴国。吴王将朱方赐给庆封，庆氏宗族闻讯都赶来相聚。从此，庆氏家族在吴国比在齐国时候还要富裕。

到了西汉末年，庆氏子孙迁逃到会稽山阴。东汉时，传至庆仪为汝阴令，其曾孙庆纯官拜侍中。为避汉安帝的父亲刘庆的名讳，"庆"字便改为同义的"贺"字，庆纯改为贺纯，史称贺姓正宗。

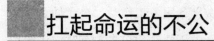

扛起命运的不公

◎不可自暴，自弃，自屈。——陆九渊《语录下》

余元仙湖北省武汉人。在20岁的时候，她认识了上海小伙子李高泽。两人很快就相恋了。

然而不幸的是，一场工伤使李高泽成了一个高位瘫痪的残疾人。在这种情况下，余元仙的家里人都反对她继续与李高泽交往，要求他们断绝交往。然而，重视情意的余元仙怎么也舍不得，更不放心瘫痪的恋人。

于是，余元仙做出一个大胆的决定：全然不顾家人的极力反对，毅然辞去自己那份所有人都觉得很好的工作，前往上海与李高泽结了婚。

可是，更不幸的事情还在后面，婚后的日子要远远比余元仙想象得艰难。

由于丈夫高位瘫痪，日常生活中时时刻刻都需要有人来照顾，而公公婆婆也已经年迈，所以，余元仙每天不仅要悉心照顾丈夫的饮食起居，还要好好照顾年迈的公婆。更要命的是，由于余元仙的眼底不好，她的视力也在操劳中急剧下降。

但是，余元仙是个极度要强的人。其实像她这样的双残疾家庭，加上双亲年迈，又没有固定的经济收入，完全符合当地享受低保的标准了，但她却拒绝了政府给予的照顾。有人问她为什么要这么做，她说，目前她和她的爱人都还能做些力所能及的事情，还能自己养活自己，不想给政府增加负担。

为了维持生活，在街道和居委会的帮助下，余元仙自己开了个水站，为周围的单位和居民送水。

让余元仙感到欣慰的是，在余元仙的影响下，丈夫李高泽也开始自学起手艺来，而且慢慢学会了家电维修。后来，李高泽不仅维修家电有一手，连相对"高端"的网络维护都能做到游刃有余了。

每当社区或居委会有什么活动，需要做义务服务工作时，余元仙总是用轮椅推着李高泽去为居民们免费修理电器。由于活动比较多，有时候还出现"撞车"的现象，这时候，余元仙总是上午推丈夫去这边，抓紧时间为居民做好服务，下午再马不停蹄地推丈夫赶去另一边。几年下来，连她自己都不知道究竟参加了多少次这样的活动。

除了参加义务服务的志愿者活动外，余元仙夫妇在日常生活中也为居民们做了不少好事。周围的居民们慢慢都知道自己的身边有个维修高手，所以家里有什么电器坏了，他们都会送到李高泽家中。每次，余元仙都是热情接待，等爱人把电器修好以后，再跟邻居联系，让他们过来取回去，而且一些小修理还不收钱。居民们都是高高兴兴而来，满意而归。

余元仙还是自己所住的那栋楼的楼长，平时小区有什么日常活动，哪家有什么事情，她都会积极地去帮忙。由于住在一楼，她还理所当然地负责起了本楼的治安巡查——有什么陌生人上楼，她都要上前去询问一下；有人乱发传单，她就主动上前制止。这让周围的居民都对这一家评价很高。

余元仙的水站中人手有限，经人介绍，她让同是残疾人的一名小伙子过来帮忙送水。很多人不理解，问她为什么不找个正常人帮忙，那样干活也方便啊。但余元仙有她自己的想法。

她说，自己本身就是个残疾人，知道残疾人的难处，他们没办法与正常人一样去竞争就业，而自己这样做，也是给他提供一个就业的机会。

除了支持、帮助丈夫外，照顾婆婆也是余元仙生活的很大一部分。婆婆曾是个很要强的人，但性格有点儿孤僻，不太愿意与别人交流。前几年公公在世的时候，两位老人除了相互照应外，还能说说话。那时候，虽然有两位老人，再加上瘫痪的丈夫，照顾起来有点儿吃力，但至少婆婆情绪还好，精神基本正常，不用人时刻盯着。但2000年公公因病去世后，婆婆受到了很大的打击，变得更不爱说话了。

不仅如此，老人还患上了"臆想症"，每天都生活在自己想象的世界里。由于年轻时婆婆带大的儿孙及亲戚的孩子有近20个，她对孩子们非常有感情。所以半夜里，她经常爬起来去厨房打开煤气，说是要给孩子做吃的。打开后，又因为想起别的事情走开了。

因为怕出什么事故，余元仙夜里连觉都不敢睡太沉，婆婆那边一有点什么动静，不管多困多累，她都会起身去看一看。

除此之外，婆婆还经常在夜里大声尖叫，说是有人谋杀她，其实都是她的臆想。每当此时，余元仙又是一顿安慰和开导，老人才能睡去。

水站的生意也常常受到婆婆的影响。婆婆的"臆想症"使她的情绪和思维时好时坏，经常大白天从房间里冲出来，大叫着"她们要谋杀我"。有时正赶上有客人时，就会吓得客人再也不敢来了。如此一来，很多的客人都让婆婆吓走了。

虽然生活很艰辛，但余元仙仍然是没有一丝怨言，而且还处处替婆婆着想。对于婆婆，她最常说的一句话就是"婆婆不容易"。每次做饭时，她都先征询婆婆的意见，问婆婆想吃什么。有时，婆婆原本说要吃这个，结果做完后又不吃了，嚷着吃别的，余元仙也没有丝毫的不耐烦。"老人80多岁了，一辈子也不容易，我们都是做晚辈的，能忍让一点就忍让一点吧。"

◎故事感悟

命运对于每个人也许不全是公平的。有些人会因为命运的不公平而堕落甚至犯下不可弥补的错误，但是余元仙还是以她那乐观、自立、顽强的性格战胜了所有的"不公"。我们为之感慨的同时，也要从中学会以怎样的心态去对待上天带给我们的"不公"。

◎文苑拾萃

坚 强

佚 名

坚强

没有人不喜爱你

不是人人都能做到

选择你

是一种无奈

考验就在眼前

孤零零行着

周遭瞧你的眼神

怪异的

没人在乎你的脚步

蹒跚而沉重

嗅着鲜花人人嫉妒

看这傻子

呆呆的痴样糟蹋了鲜花

你轻轻笑着

怀里的鲜花绽放着芬芳

用双手"感受"光明

◎虽然眼睛看不见,但我心中充满了光明。通过自己的双手,
我与社会永远保持密切的联系。只要始终充满对生活的激
情,精神上就会感受到真正的光明。——杨新平

> 杨新平(1963—),浙江省宜兴人。1982年入伍,1983年11月入党,1984年在一次军事训练中因突发事故导致双目失明。1994年退伍回到家乡宜兴后,得到了地方政府的关心和支持,市残联与爱德基金会先后将其送到上海盲人诊所、武汉盲校学习保健按摩,使他掌握了许多中医知识和推拿技巧。1997年3月18日,杨新平在市聋哑学校开设的"新平康复按摩所"正式开业。

杨新平很小的时候就对军营充满了美好的向往,1982年,他终于圆了自己绿色军营的梦想。

然而不幸的是,杨新平的眼睛在一次训练中受伤,并最终失明,被定为一等伤残军人。面对这样的打击,杨新平没有放弃。短暂而丰富的军营生活,磨炼杨新平坚强的性格,激发了他对生活的满腔热情,让他立志成为自己命运的主人。

杨新平一直在想,虽然每个人的生活道路不同,但每个人都有机会在人生的舞台上展现自己,实现自我价值。自己的眼睛虽然失去了光明,但还有双手可以创造生活。经过一系列的反复琢磨,他自主学起了按摩技术。

由于肯吃苦、爱钻研的性格,杨新平的按摩技术日益提高,并且受到了当地居民及病人的好评。杨新平因此还被聘为宜兴市康复中心新平康复按摩所的兼职教师。

在临床辅导过程中,杨新平与学生们之间的交流只能是手把手地来完成。

学生能否准确地找到人体的各个穴位，是掌握推拿技能的关键所在，为此，杨新平煞费苦心，拉着学生的手在自己身体的各个部位上反复摸索，直到学生都能熟记为止。

更为可贵的是，杨新平还经常想到身边的残疾人及有困难的人，并想方设法地帮助他们克服困难。

1998年，正在读高三的陈芳同学底椎长了骨刺，非常痛苦。当时又正赶上高考期间，病痛几乎使她放弃了参加高考的念头。

了解了这一情况后，杨新平便以自己的亲身经历，积极勉励陈芳克服困难，并对她实行了半费治疗。最后，陈芳同学的骨刺病痛基本得到了消除，并且还考取了大学。

周谊平原本是一家企业的供销员，后来因病导致双目失明。家庭沉重的经济负担曾一度使他一蹶不振。杨新平在知道这一情况后，就对周谊平进行现身说法，让他做自己的徒弟。

不到两年，小周在按摩所里已经可以挑起大梁了，月收入达1000多元。后来，小周又自强自立，开起了自己的诊所。

对于谦虚谨慎的杨新平来说，事业的成功并没有让他兴奋不已，他还在不断要求自己向上攀登。近些年来，他自费用于学习培训的费用总计达1.5万左右。在青岛盲校进一步系统学习解剖、经络、推拿技术后，又到南京深造学习。如今，他已获得高级推拿师证书，又在南京通过了医士考试，实现了从战士到医士的巨大跨越。

这就是自立自强的杨新平，这就是残疾人中自立的旗帜，这就是我们学习的榜样！

◎故事感悟

失去了双眼，但是还有双手，他用双手创造了奇迹。我们相信，即使杨新平失去了所有，他一定不会失去的是那自立、拼搏的可贵精神！从他身上，我们看到了"天行健，君子以自强不息"的中华民族传统美德！

◎文苑拾萃

国际盲人节

1984 年，在沙特阿拉伯首都利雅德召开的世界盲人联盟成立大会上，确定每年的 10 月 15 日为"国际盲人节"。这也使盲人在国际上第一次有了统一的组织和自己的节日。在这之前，盲人节没有固定的日子，一些欧洲国家的盲人们经常在秋天举行文艺活动，并将这项活动的记念日称为"白手杖节"。

1989 年 9 月 18 日，中国残疾人联合会发出通知，要求各地在每年的国际盲人节时，由省（市）盲人协会出面，业务部门协助，结合当地情况，举行适当的庆祝活动，以活跃盲人的生活，体现国家和社会对盲人的关怀。

世界盲人组织的宗旨是：致力于盲症防治，提高盲人福利，使盲人能完全平等地参与社会活动，提供国际论坛交流盲人工作经验。该联盟规定：出席世界盲人联盟国际会议的每个国家或地区的代表人数中，盲人至少应占 50%。

盲人兄弟自食其力

◎把自己的命运交给别人，甚至交给某一个两个人，自己一点也不动脑筋，只是相信别人，那太危险了。——巴金

俗话说，眼睛是心灵的窗户。然而，由于先天性瞳孔闭锁，黑龙江省哈尔滨市的彭政杰和彭政顺两兄弟先天失明。为此，父母曾多次伤心落泪。为了不让他们一辈子都生活在黑暗当中，父母请专家、访名医，走遍了全国的各大医院，也花掉了家中所有的积蓄，可仍然没有治好兄弟两人的双眼。

后来，他们的父母双双下岗了，家里的生活更是举步维艰。不久以后，父亲彭国春因患病而失去了劳动能力，母亲也患有严重的克山病，一家人只能依靠低保和邻居们的救济维持生计。

然而，就是在这样艰辛的生活条件下，父母还是咬牙从全家的伙食费中省出点钱，为兄弟俩买了一台半导体收音机。

有了这台收音机，小哥俩便了解了外面的缤纷世界和许多身残志坚的英雄人物，于是，兄弟俩也下定决心，一定要自立自强，做个身残志坚的强者，用心追逐光明。

到了上学的年龄，邻居家的小伙伴们都去上学了，政顺和政杰两兄弟也吵着要上学。父亲握着政顺持笔的小手，在纸上写了个"人"字。政顺摸着纸说："爸爸，字在哪儿呀，我怎么没摸着呢。"

父亲的热泪夺眶而出，但他告诉孩子："虽然你们看不到，但是做人一定要堂堂正正，要走正路，要懂得知恩图报。"

此后，政顺和政杰每天都倚在家门口"听"小朋友们上下学，听他们讲述学校里发生的事，那神情简直如痴如醉。后来，父母得知市里有一所盲聋哑人学校，便将他们兄弟二人送去读书。知道自己可以与其他小朋友一样上学读书了，兄弟俩心里非常高兴，对未来也充满了希望和憧憬。

当政顺和政杰踏入他们期许已久的校园时，他们深深地体会到，要想成为生活的强者，不仅要有坚定的信念，还要有战胜自我、拼搏进取和克服困难的决心。在老师和同学们的引导帮助下，兄弟俩先后加入了少先队和共青团组织，不仅完成了文化课的学习，还以优异的成绩考取了哈尔滨职工医学院，成为该院中医按摩针灸专业的中专生。

在医学院学习的过程中，政顺和政杰遇到了许多前所未有的困难。由于视力残疾，老师每次讲课写板书时，他们都只能默默地听，课后再请好心的同学为他们念笔记，然后再用盲文一字一句地抄下来。为了不占用其他同学的宝贵时间，俩人想出了一个好办法：用收录机将老师讲课的内容录下来，下课后再将录下的内容用盲文一点一点地记下来。长期的记录，兄弟俩的手被盲文笔磨出了一层厚厚的硬茧，盲文笔下的铁针也不知按断了多少根。

"只要功夫深，铁杵磨成针。"经过三年的刻苦努力，政顺和政杰两兄弟以优异的成绩毕业了，并被送到黑龙江省中医药大学附属第二医院（针灸推拿科）进修。

又经过一年的临床实践学习，兄弟俩通过了卫生部门组织的医疗专业职称考核，获得了由省人事厅统一颁发的中医推拿专业技术职称资格证书，成为了真正的中医推拿医生。

2003年8月，政顺和政杰所在办事处和社区的干部听说兄弟俩有推拿技术，便多次来到他们家，帮他们出主意想办法，建议他们在小区的院里开一家盲人诊所，既方便小区居民按摩治病，还能缓解家庭的生活困难。

经过相关领导和邻居们的帮助，兄弟俩的诊所终于开起来了，这也令这个依靠低保生活的家庭出现了转机，他们也开始回报社会。

政杰和政顺对待患者服务热情周到，诊治耐心认真，而且收费还非常低，对有困难的患者或孤寡老人，还打折或者赊账缓收。所以附近许多居民腰腿疼都来找他们按摩。遇到行动不便的患者他们还主动上门服务。

这对盲人兄弟，就凭着自强自立的顽强性格和不断完善自我的上进心完成了他们的梦想，为我们编织出了一个美丽的"童话"。

◎故事感悟

双目被"封锁"了，但是彭政杰兄弟俩的内心没有被封锁，他们以乐观开朗的心态自食其力，他们以感恩之心回报社会。他们战胜了自我，走向了辉煌。我们也要以这种态度去对待生活和工作，这样才能感受到人生的意义之所在。

我常常忘了自己是一名残疾人

◎在我看来，勇于承担责任，人人都可以成为主宰命运的强者。——李金其

　　李金其是黑龙江哈尔滨人。幼年时期，李金其可谓是饱尝苦难。一场突如其来的小儿麻痹症，使他几乎全身瘫痪，然而，这并没有击垮李金其。通过积极的治疗与坚持锻炼，他再次站了起来，但右腿仍然留下了一生的遗憾。

　　让李金其最为感动的，是中学的班主任老师常讲的"知识可以改变命运"这句话。它就像一把神奇的钥匙一样，开启了李金其紧闭的心门，使他找到了生活的方向。

　　随后，李金其凭借惊人的毅力，先后获得了学士、硕士学位，并最终成为中国人民大学的一名博士生。

　　1997年，李金其所在的国有化工厂突然倒闭，而立之年的李金其无奈地下岗了。但李金其并没有因此就怨天尤人，他开始自主创业，自筹资金创立了黑龙江鑫盛化工有限公司。这也是李金其的第一次创业。

　　根据以往对化工行业的了解，李金其将企业经营的方向锁定在生产聚氨酯材料上。这种材料具有绝热保温的特性，被广泛应用于新型建筑及热力管线等领域。

　　在创业的初期，李金其对聚氨酯的生产工艺并没有完全掌握。为了解决技术难题，他常常拖着病腿到处查阅资料、请教专家；为了测试产品耐寒性，他在严冬时节还带队北上黑河、海拉尔、根河等地，在冰天雪地中做试验，一停留就是好几个月。

　　通过对野外试验数据的分析，李金其掌握了聚氨酯低温发泡的属性，使

得聚氨酯的应用领域得到了扩展。而李金其的这一发现，也受到了业内专家的高度肯定，李金其的企业也逐渐获得回报。

李金其成功了，但他却常常忘记自己是个残疾人，还经常关心帮助自己身边的残疾人朋友。他认为，帮助这些残疾人走上独立自强的道路是自己义不容辞的责任。

李金其在佳木斯的贫困地区捐建了一所小学，还为宁夏农村的一户残疾人家庭翻盖新房，并送去彩电和冰箱等，同时还资助了许多残疾人大学生完成了学业。

自从2003年起，李金其每年都要为30多位贫困残疾人订阅报刊，而且逢年过节都去看望邻居的贫困老人，为他们购买年货。2007年底，李金其被评为全国首届肢残人"自强创业之星"。

对于自己今天的生活，李金其说："肢体残疾就可以回避责任吗？不，绝对不能！责任是每个人都要承担的！自己的生命若对更多的生命担负起责任，这样的生命才是充实而美丽的。"

◎故事感悟

是啊，只要是有着顽强、自立的精神，残疾人和正常人有什么太大的区别呢？李金其的成功正是说明了这一点。相比之下，我们每个人都应该反省自己，更应该以李金其这样的人为榜样，使自己的生命也同样充实和美丽。

一把剪刀立家业

◎与其悲叹自己的命运，不如相信自己的力量。——格言

曲志华是哈尔滨市延寿县人，她的腿患有先天性的残疾。1973年，当时刚刚16岁的曲志华就离开了家乡，到延寿县服装厂当了一名学徒工。三年后，她成为这个工厂的正式工人。在这个厂，她整整干了10年。

1982年的冬天，曲志华带着她的两个女儿回娘家过春节。娘家的生活比较紧张，而曲志华一家四口人过日子，手头更拮据。怎样才能让家里过个好年呢？

曲志华抱着试一试的态度，在家乡通河县的百货商店门口支起了一个裁剪摊。那阵子几乎天天都下雪，寒风刺骨，光着手干活，很快手就冻僵了。

为了可以多揽点活，曲志华一时都没有松懈。冷了，就使劲地搓搓手，或是把手伸到棉衣里暖暖，然后再继续做工。尽管这个手工活又苦又累，可收获还是比较可观的。十来天的时间，挣下的钱就相当于她两个月的工资了。

不幸的是，就在曲志华努力赚钱时，她所在的单位面临倒闭，丈夫也处于失业的边缘。曲志华想出来单干，可又有些犹豫。因为守着个单位就会有种群体的归属感，出来单干总有些不踏实。毕竟日子过得太苦了，所以经过认真考虑后，曲志华终于还是下定了决心。在丈夫支持下，她办理了停薪留职手续。

1983年的3月份，她和丈夫一人骑着一辆自行车，驮着码边机，天刚亮

就出发了。路实在是太远，刚开始她还能支撑，越到后来越是跌跌撞撞，车子都翻倒好几次。就这样，夫妻俩赶了整整一天，跑了170多里路，直到天黑透了才算摸进了通河街里。到了家，她已经累得不能动弹了。

自主创业的生涯从此开始了。曲志华先是在一个小板棚里苦熬了三年，后来又在一个街道里盖了个活动板房，雇了缝纫工，取名为志华服装店。她在这里一干就是五年。

凭着精湛的手艺，曲志华让小店逐渐火了起来。有了一些积蓄后，她的眼界也放宽了，再也不肯满足现状。因此，她由开店到办厂，跨出了大大的一步。

1989年，曲志华拿出自己所有的积蓄，在延寿镇里买了五个门市房地号，随后接起了二楼，营业面积达到了230多平方米。

在经营厂子的过程中，曲志华深深懂得技术的重要性。以前还是小作坊时，她就抽时间放下生意到处学习。现在门面大了，她更是带着技术人员到处奔波，力求在技术上跟上潮流。曲志华带着技术人员在哈尔滨、大连、长春等地参加各种技术培训，系统地学习服装结构、造型设计、工艺流程及日本服装原型裁剪技术。在参观一些合资企业的过程中，她还用心观察、琢磨人家的管理方式。当年，日本式的严格管理让曲志华印象深刻。由于曲志华所运用的服装技术也是日式的，因此，曲志华给自己的店铺取了一个洋气十足的的名字：樱花服装店。

服装店的效益一天天地好起来。开始时，店里只有五六个员工，后来增加到二十多个，活还是干不过来。

到了1995年，曲志华又准备筹建一个服装厂。这对于她所在的县城来说，当时正处于各种类型的国营集体企业转停并轨，有不少职工下岗，都处于再寻出路的迷茫、阵痛状态。而对曲志华来说，始料不及的困难也随之而来：新盖了房子，可还没有设备，要让服装厂启动，困难重重。个别掌握一点小权力的人也开始来说三道四，想从她这里"割几片肉"。有限的资金全都投进去，又遇到阻力，曲志华一下子瘦了十几斤。

那时，曲志华真想放弃了，可眼看架子都搭起来了，无论怎么难，还是得咬牙坚持。在她的多方求助下，办企业的举动得到了县里的支持。

随后，曲志华又继续四处筹措资金。在各种压力的挤压下，曲志华终于病倒了。这时，她才真正体会到了自主创业的艰难。但是，曲志华天生要强的性格，让她在困难面前并未放弃，反而逆境更激发起了她彻底改变命运的决心。

凭着苦口游说，在亲友的帮助下，曲志华终于凑了十几万元的现金。特别令她感动的是，当时在水泥厂工作的宋世旺在曲志华找他借钱时，竟然二话未说，很爽快地借出多年积蓄的一万多元钱。这让曲志华十分感动，她更是下决心要把厂子办好。

凭着聪明和直觉，曲志华知道，要让自己的企业稳稳扎根，就离不开大众的信任，因此，曲志华首先从完善自身形象做起。她参加了省劳动厅高级服装师的理论实践测试，获得了高级服装裁剪师职称。

1995年的6月，经过申报和有关方面考核，曲志华又被评为中国服装设计师。

厂子刚办起来，曲志华就以自己的名字注册了服装商标。

为了确保产品质量过硬，曲志华还从大连高薪聘请教师，选择了30名年轻工人精心培训。几个月下来，她手下的技工不但技术过硬，而且对于外地名牌服装的工艺也都心中有底。

就这样，厂子的底气渐渐培养起来了，曲志华也终于充满自信地亮出招牌，她要靠实力，在竞争激烈的服装市场占一块地盘。

所有人都明白，想要做产品就要先有稳定的市场。曲志华成竹在胸，以延寿为基点，向周围县市辐射。经过分析，她认清当地的服装市场主要有三块，即社会零活、学生的校服和执法着装。她按市场搭配内部结构，组建了三个车间。第一个是服装设计裁剪车间；第二个是高档服装生产车间，主要生产高档西服、执法着装、宾馆迎宾礼服；再一个就是普通服装生产车间，主要生产学生校服和各种工作服。定向准了，政府又给予相应的扶持，企业走上了正轨。直到现在，这种基本的服务对象仍然是她企业的可靠客源。

企业在曲志华和员工们的共同努力下终于有了一定实力。随后，曲志华主动向县教委提出申请，承担了县聋哑学校初中毕业生的就业任务。学校不仅教授一技之长，更促成一些城乡青年命运的改变。

真正掌握自己命运的人才有机会得到上天的临幸。1998年9月12日的午夜，曲志华在熟睡中忽然被一阵电话铃声惊醒。这是一个越洋电话，是日本的一个客户委托她为其培训缝纫工人。

曲志华算了一笔账，一个人在厂里干，三年只能挣一两万元；而在日本干三年，既可以学到技术，又能挣到20多万元。这些钱足可以全面改变一个人的命运，这可是县里农民脱贫致富的一个好项目。曲志华毫不犹豫地接下了这桩生意。

相互信任的合作是愉快的，对方的公司很可靠。几年来，厂里共向外输送服装工人97名。这也让很多曾经贫困的家庭彻底改变了，不但户户有存款，而且都敞敞亮亮地盖上新砖房。

曲志华能够获得挑剔的日本人认可是有前提的。2001年，她与日本广岛丸织株式会社签订了6万顶食品卫生帽的订货合同。2003年5月，全部完成定单，产品合格率为98.7%，深受日方好评。2003年7月，她又接受中国黑龙江国际技术合作公司授权，培训赴日本的男女工人。经过日方考试，出国的有33人。

视野放开了，曲志华也有了更多"野心"，她还打算以培训赴日工作为依托，以加工日本产品为突破口，再开辟一块新的天地。

通过不懈地努力，曲志华终于获得了应有的回报。她的事业不久便得到当地政府的鼎力支持。作为延寿县政协常委，她在社会上发挥着特有作用，并在扶贫济困的活动中不断地奉献一份爱心。

◎故事感悟

对生活在当代的中国人来说，最近20年的变化可谓翻天覆地，这既是一种阵痛，又是一个历程。个人的命运脱离不了时代的舞台，事业的变迁、角色的转换往往是在不知不觉间完成的。身处一个半山区的贫困县，发展的空间自然有很大的局限性，可就在相对有限的空间里，在各种艰难和重重压力下，曲志华找准了人生定位，她凭借百折不回的韧劲，在成功改变自身命运的同时，也给周围的人们带来了希望。

◎文苑拾萃

赞残疾人

佚　名

坚强

人生就是拼搏

人生就是奋斗

你们身残却志坚

你们虽不会说话

但都能心领神会

你们虽听不见声音

但眼神已告诉了你

你们虽看不见东西

但依然能创造出奇迹

每每看到你们的创伤

我总是泪水涟涟

每每看到你们的顽强

我会欣然地一笑

虽然你们有过太多苦

但把微笑总是挂在脸上

在这个残缺的世界里

……

冲击伦敦残奥会

◎燕雀戏藩柴，安识鸿鹄游。——曹植

　　梅宗全六岁时就失去了双臂，但在以后的日子里，他却渐渐学会了用断臂吃饭、做家务，用脚写字、玩电脑。

　　14岁时，梅宗全便外出打工，在漂泊中他学会了自立自强，在坎坷中追寻不变的梦想。可以说，一路走来，他承受着常人难以承受的痛苦，经历着常人难以忍受的艰辛。

　　1995年9月18日的傍晚，梅宗全的父亲梅本元从石场收工后，匆匆看了眼趴在小木桌上认真做作业的儿子梅宗全，便拿起工具去地里采摘柑橘。

　　可刚摘了几个，梅本元突然听到有人在大声叫喊："有娃儿遭电打了！"

　　梅本元心里咯噔一声，柑橘落了一地。附近只有他一家有小孩！

　　梅本元发疯似地朝着喊声传来的方向跑去，来到现场拨开人群，看到的却是自己最心爱的儿子躺在地上，不省人事，一双小手已被电流灼烧成焦碳。

　　原来，六岁的小宗全在写完作业后，就跑出家门，准备去接在砖场工作的妈妈下班。在路上，他看到路边的变压器，便好奇地攀上去玩。哪知，一团耀眼的电火花闪过，于是悲剧发生了！

　　由于抢救及时，小宗全幼小的生命总算保住了，可是他的右胳膊却被完全切除了，只有左臂留下了短短的一小截。这场突然发生的意外，让小宗全这只刚要展翅翱翔的雄鹰折断了翅膀。

　　两个月后，小宗全出院了。梅本元告诉孩子，要重新学习吃饭和自理。

　　"爸爸，我没有了手怎么拿筷子呀？"小宗全的话刺痛了父亲的心。

但是，军人出身的梅本元非常理智。他知道，孩子不可能永远依靠父母生活，只有锻炼自理能力，才是对他最负责的表现。他也坚信，自己的孩子只是身体不健全而已，但他还有一颗健全的心。

为了解决吃饭这个最急迫的问题，梅本元每天摆弄着各种材料，用自己的手臂反复做实验。功夫不负有心人，经过不断改进，他终于发明出了能帮助儿子自己吃饭的工具。

梅本元将底部锯空的矿泉水瓶套进小宗全的残臂，然后再小心翼翼地把小勺固定在矿泉水瓶上，帮助儿子训练。不到一个月，小宗全竟然可以自己吃饭了。

在家继续治疗了一段时间后，渐渐恢复健康的小宗全看到同村的小朋友们每天都背着书包去上学，也哭喊要去上学。梅本元心痛欲裂，却也只能偷偷地抹眼泪。没有了手，怎么写字呢？学校怎么会收他呢？

看着儿子渴望的眼神，文化程度不高的梅本元做出了一个决定：自己教儿子学习！他深知，自己的孩子比较特殊，要用特别的方法，一步一步慢慢来才行。

他先教儿子从握笔开始学起。梅本元自制了许多小木棍，让小宗全每天坚持练习用右脚的大拇指来衔住这些木棍。脚拇指磨出了血泡，小脚上长出了老茧，功夫不负有心人，小宗全终于可以用脚牢牢地"握紧"铅笔了。

能熟练运用铅笔以后，小宗全对用脚写字产生了浓厚的兴趣。他让父亲买回纸和毛笔，开始用脚写毛笔字，竟成了远近闻名的小"书法家"，后来他还学会了用脚玩电脑。

然而对梅宗全而言，他还有更大的"野心"。他希望可以通过自己的努力，不成为家人的负担，做生活真正的强者。

因此在14岁那年，梅宗全不顾家人的反对，毅然决定外出打工挣钱。在外漂泊的六年，他曾摆过地摊，露宿过街头，饱尝了冷语白眼，也得到了很多好心人的帮助。不过，2008年北京奥运会和残奥会的召开，却彻底激励起了他的壮志雄心。

2008年9月，还在广州打工的梅宗全从电视上看到了美国残疾运动员雪利在短跑比赛中重重摔倒在地却不言放弃，而是起来后又一瘸一拐地走到了终点。这让梅宗全坐不住了！梅宗全暗暗对自己说：我也要站在残奥会赛场上，用行动证明自己能行！

在奥运会结束后，每天清晨，在广州火车站前的公路上都会出现一个瘦长的身影，空空的袖管随风摆动，有节奏的跑步声划破拂晓；如果下班比较早，他还会到游泳场学习游泳的姿势和技巧。即便是过年放假回家，梅宗全也没有停止过锻炼。家乡的那条柏油路上留下了他坚定的脚步。

通过坚持不懈的努力，梅宗全居然跑出了100米12秒20的成绩。当时，残奥会男子100米短跑的世界记录是10秒91。

2009年的元宵节，区委领导来到梅宗全家，和他们共度佳节。为了表达对区委领导的敬仰和感谢，梅宗全用脚书写了七个大字："江津明天更美好！"领导们也勉励他继续努力，通过正规的培训和锻炼，争取参加2012年的伦敦残奥会。

◎故事感悟

可以说，梦想有多大，舞台就有多大！我们相信，像梅宗全这样的折翼天使，也会乘着梦想的翅膀飞翔！

◎文苑拾萃

残疾人奥林匹克运动会

残疾人奥林匹克运动会始办于1960年，是由国际奥委会和国际残疾人奥林匹克委员会主办的、专为残疾人举行的世界大型综合性运动会，每四年于夏季奥运会后举办一届。

2000年6月19日，国际奥委会与国际残疾人奥委会又达成了新的协议：从2008年夏季残奥会和2010年冬季残奥会开始，残奥会不仅将在奥运会之后的相同城市举行，并应使用相同的运动场馆和设施。

自强自立的吴洪生

◎有勇气并不表示恐惧不存在，而是敢面对恐惧，克服恐惧。——格言

2000年8月13日上午8时，在捷克首都布拉格的国际体育场内，第五届国际残疾人职业技能大赛正在紧张有序地进行着。来自54个国家的800多名选手正在进行着有34个项目、为期三天的国际大赛，吴洪生与其他的28名中国选手也在其中参加比赛。

在参加比赛的女装制作组，吴洪生是近百名选手中唯一的一位男性。评委要求参赛者在三个小时之内自行设计、制作一件女式衬衣。比赛结束后，很多选手都没有按时做好，而技能娴熟的吴洪生却仅用了两小时20分钟就顺利地完成了。

最终，吴洪生的作品以款式新颖、做工精美赢得了大赛评委的一致认可，众多富有经验的外国选手也都对他的作品赞叹不已。最后，众望所归，吴洪生荣获了这一项目组比赛的金奖。

当布拉格市长把金灿灿的奖牌挂在他的胸前时，吴洪生激动的泪水终于夺眶而出，打湿了他梦寐以求的金牌。他大声地说道："我终于梦想成真了！这不仅是对祖国、对亲友的回报，更是我人生价值的体现。"

当一位韩国记者问吴洪生，这次拿到金牌能得到多少万奖金？吴洪生的回答铿锵有力："这奖牌是我的无价之宝，是无法用金钱来衡量的！"

成功之时，到处是掌声与鲜花。然而，隐藏在掌声与鲜花后面的汗水和

泪水又有谁人知道呢？

吴洪生1962年出生在山东省栖霞市寨里镇吴家村的一个普通农民家庭中。可是就在吴洪生三岁那年，不幸的事情发生了：他患上了小儿麻痹症，四肢麻木，大小便失禁。父母带着他四处求医问药，小洪生也在痛苦与煎熬中挣扎着，这一躺就是五年。

就在吴洪生八岁的时候，他的病情突然好转：双手可以活动了，大小便有了知觉，两条瘫痪的腿也能动弹了，这让一家人喜极而泣。

吴洪生有着强烈的求知欲望，病情好转后，他就立刻缠着父母要去上学读书。刚开始时，是由哥哥姐姐背着他去上学，很快，聪明伶俐、好学上进的小洪生就赢得了师生的喜爱。后来，老师和同学们都主动轮流背着他去上学。在老师和同学们的背上，小洪生读完了小学和初中的课程。

1978年，吴洪生以全县统考第五名的优异成绩考入了重点高中。然而就在他兴奋之余，体检的结果却把他无情地刷了下来。他眼巴巴地看着朝夕相处的同学们都升入了高中，而自己只能面壁独处。

为了自立更生，吴洪生开始学习钟表修理技术。两个月下来，家里的两个钟表被他拆得七零八落，却怎么也组装不到一起。失去耐心之后，吴洪生彻底绝望了。死亡的阴影又一次占据了他的头脑，他选择了跳井自杀。然而，他几次刚爬到井口边，就被家人发现并及时地拦住了。

庆幸的是，吴洪生有一直牵挂、爱护他的良师益友。老师和同学们见吴洪生不能正常上学，便给他带来了书报，如《把一切献给党》、《卓娅和舒拉的故事》等等。而洪生最喜欢的一本书，是伙伴吴柯平送给他的《钢铁是怎样炼成的》。主人公保尔·柯察金历经战火洗礼、出生入死、身残志坚的动人事迹深深地打动了他。

"人最宝贵的是生命，生命给予人的只有一次。人的一生应该这样度过：当你回首往事时，不因虚度年华而悔恨，不因碌碌无为而羞愧。"当洪生看到

这段时，不禁为自己的过去羞愧不已。他把这段话工工整整地抄录在一张纸上，然后贴在自己的床头，激励着自己不断奋进。

见吴洪生喜欢绘画，父亲就为他买来了一套服装教材。他一边学习、一边实践。刚开始时，他在报纸上临摹、剪裁，后来家里的旧衣服就成了他的试验品。没有老师指导，他就自己对照书本中的尺寸裁剪；无法站立，他就坐着板凳，伏在炕沿上剪裁……

四个月后，在姐姐的帮助下，吴洪生把炕当做剪裁桌，把门当做烫衣板，把搪瓷缸当做熨斗，开始为亲朋好友免费做衣服了。洪生承诺：做好了不要钱，做不好赔偿。这样，他逼着自己做好每一件衣服。因为一旦做坏，他自己根本无力赔偿。渐渐地，吴洪生成了十里八乡有名的裁缝。

1979年，吴洪生到村裁纫组做了一名技术工人。由于他为人忠厚、技术过硬又肯吃苦，在1982年至1996年间，吴洪生先后被镇供销社服装厂、县二轻局服装厂、烟台佳佳服饰有限公司聘为厂长、经理。

吴洪生的自尊、自强、自立的精神赢得了人们的敬佩，也赢得了邻村姑娘徐秀丽的心。虽然有外界的冷嘲热讽和家庭的反对，但不久后，身高1.68米、端庄秀丽的健全姑娘徐秀丽做了双腿残疾的吴洪生的妻子，这在当时成了镇里的头条新闻。

1996年，在当地政府和妻子的鼓励支持下，吴洪生辞去了公司经理的职务，创办了自己的服装设计中心——梦迪制衣公司。

公司成立后，最忙的不是吴洪生，而是妻子徐秀丽。公司的大小事情徐秀丽都要参预决策，丈夫每到一处她都要搀扶照顾。尤其是上下楼时，因为怕吴洪生摔着，她就背着他楼上楼下地跑。每每总是大汗淋漓，她却从无半句怨言。

看着背负着自己的妻子浑身被汗湿透的样子，吴洪生的心里便会洋溢着一种难以言说的激情，是疼爱更是感激，是依靠更是力量！于是他加倍努力，也不断取得了新的成绩。在短短四年间，他先后夺得了山东省残疾人技能选择赛女装制作项目第一名、全国此类项目第一名，并成功地登上了国际颁奖台。

在吴洪生的日记中写着这样一句话："我是个苦命的孩子，但有幸生长在充满友爱和真诚的社会主义大家庭里。作为一个大写的人，与生活在这个世界上的其他人最大的区别就在于他的生存必然有着刚毅和执著的成功，他的发展必须有着为社会作出最大贡献的责任。"

在吴洪生被聘任为厂长、经理期间，他毫无保留地把裁缝技术传授给职工，无偿对200多名职工进行技术培训。1996年，为了让当地的下岗职工"看到一种希望，一种精神，一种鼓舞和激励"，他主动为党和政府排忧解难。他办的公司当时招收的职员都是下岗职工。他常以自己为例，鼓励他们学一技之长，走自立自强的道路。

如今，梦迪公司已从负债20万元的企业发展成为净资产达几十万元集设计、制作、销售于一体的现代化企业。

有人问吴洪生将来有什么打算，吴洪生用坚定的语气回答说："至于将来，当然是扩大企业的规模，再安排50名下岗职工和残疾人就业，成立'梦迪残疾人服务社'，免费为残疾人提供脱贫致富技术、信息及用品用具，把服务社办成'残疾人之家'，让'梦迪'为更多的下岗职工和残疾人创造择业机会。我要尽我所能，回报社会！"

这就是残疾人吴洪生自立自强终获成功的故事。相信很多人在感动之余，也会受到深刻的教育吧！

◎故事感悟

用自立点亮生活，用自主去创造奇迹，这就是身残志坚的吴洪生创造了辉煌

的写照！也许，上天对我们每一个人做不到完全的公平，那么，我们就靠自己去拼搏、去奋斗！

◎文苑拾萃

国际残疾人职业技能大赛

1976 年召开的第三十一届联合国大会通过决议，将 1981 年定为"国际残疾人年"。

为展示残疾人的自强精神和职业技能，加强各国残疾人间的交流和友谊，经联合国和国际康复协会倡议，确定从 1981 年起，举办国际残疾人职业技能竞赛大会（又称特殊职业奥林匹克）。主要竞赛项目有：车工、木工、缝纫、木雕、编织、英文打字、广告艺术等。

自力更生的郑卫宁

◎所有的胜利，与征服自己的胜利比起来，都是微不
　足道。——格言

> 　　郑卫宁（1955—），山东人，患先天遗传重症血友病，死神如影随形，靠定期输血维持生命，后因为"和谐科技"事业呕心沥血，又患晚期糖尿病、晚期丙肝、三期高血压等重大疾病。他虽自幼寸步难行，无缘校门，却苦读自学中文、企业管理、法律三门课程。

　　郑卫宁出生在一个军人家庭里，出生不久，母亲就发现家族遗传病降临在了他的身上。因此，每年卫宁都要经历几次死里逃生的抢救。

　　作为一个重症血友病的患者，郑卫宁从小就明白了一个问题：除非命运特别的关爱，否则他的生命不会超过50岁。

　　但是，让很多人都意想不到的是，郑卫宁能很平静地面对死亡。家族中的两位与他患同一种疾病的堂兄已经离开了人世，对他而言，这一天随时都可能到来。对于这一现实，郑卫宁没有恐惧，只有坦荡和安然。他认为，没必要每天都生活在对死亡的恐惧中，为什么不放开心情享受每日的生活呢？

　　由于疾病的困扰，郑卫宁的膝关节有严重的障碍，双脚肌肉严重萎缩——他竟然是爬着长大的。

　　由于身患疾病，郑卫宁没有受过完整的中小学教育。他每天就只能坐在窗前，期盼着小朋友们放学回家，从他们那里学会识一些字。后来通过自学，他获得了电大中文、法律、工商三个毕业证书。许多人都不能理解，郑卫宁

为何不转读本科而要读三个大专。

可是，郑卫宁却有自己的立场。他说："对我来说，文凭的高低是次要的，掌握知识技能才是重要的。多学几门就多掌握几门，这是我的最佳选择。"

以后的事实特证明，郑卫宁的选择是正确的，全面的知识让他在拓展自己的事业时得心应手。

1999年，正在起步的互联网吸引了郑卫宁的注意。他觉得，互联网不仅可以让残疾人进入一个全新的世界，缩短人与人之间的距离，更可以改变残疾人的生活方式。

因此，通过义工联，郑卫宁联系到了几位对网络有兴趣的残友，在家里开始了对网络世界的探索。在互帮互助的学习过程中，大家萌发了组建中华残疾人服务网的念头。因为只有残疾人才更能了解残疾人群体的需求，能把学到的技术用来服务残疾人，那是再好不过的事了。

不做则已，要做一定要做好，郑卫宁把父母留给他的钱都拿出来，投入到网站的建设中去。每天早晨，郑卫宁都派车从深圳各个地段把残友们接到自己的家中，晚上再把他们一一送回去。后来，为了工作的方便，他干脆把自己的房子腾出两间，让这些残疾朋友吃住都在他家里。大家一起忘我地在计算机上工作，在市残联的大力支持下，网站渐渐地有了知名度。

2000年4月，国务委员司马义·艾买提来网站视察并题词；2000年7月，张海迪把"越是残疾，越要美丽"的致辞送给网站。中华残疾人服务网在全球残疾人福利网站中创下了点击率最高的纪录，带动了一大批残疾人士走进了网络生活。

虽然工作是忙碌的，但是郑卫宁却从中感受到了无穷的活力和激情。他坦言，自己以前曾经得过抑郁症，面对生活的挫折曾三次想到自杀。那时在父母的精心照顾和安排下，他的生活虽说是衣食无忧，但困在家中无所事事的日子并不好过。每天，他都等待着妻子下班、女儿放学，听她们讲讲在单位、在学校的新鲜事。可那都是别人的生活，并不是自己的。他感到生活没有价值，没有尊严。与其这样下去，不如放手一搏。他认为："人不能对抗命运，但能决定如何有意义地度过人生！"

此后，来自全国五湖四海的残疾人大学生也聚集到了郑卫宁身边，在各级政府、残联以及社会各界的关怀帮助下，大家一起创业、打拼。公司成为了科技部双软认定企业、深圳市高科技技术企业，并取得了美国ＣＭＭＩ三级认证。

2009年，正式注册的残友集团引领300余名残疾大学生在高科技领域成功实现集体就业自养，在为社会作出贡献的同时，也实现了残疾人士的高层次就业。集团旗下拥有九个分公司、四家服务和研究性机构，涉及到软件开发、动漫制作、电子商务等多个领域。

从2009年开始，集团还陆续在北京、香港、广州、南宁和汕头等地成立了分公司。

对于这些成就，郑卫宁说，创办网站、软件公司的最终目的并不是为了赚钱，而是为残疾人实现自身价值创造一个平台。郑卫宁一直相信并实践着这样的理念——"社会民生与高新产业互助发展"，在信息技术时代，残疾人可以是高新技术产业的一支有耐心、有时间、稳定的优质人力资源。社会民生与高新产业可以互助发展，良性循环。

作为一名残疾人创业典范，郑卫宁总结了他的创业心得：残疾人创业要根据自身的身体特点，寻找能符合自己特点和长处的行业，然后艰苦奋斗，自力更生地坚持下去。

◎故事感悟

郑卫宁的事迹说明，残疾人士如果能掌握资讯科技技能，来克服自身的弱势，不仅能够自强自立，还能奉献社会，实现自己的人生价值。这种生活每一天都是充实的。而当今社会的每一个人，都应像他们那样去培养独立自主、顽强拼搏的精神！

◎史海撷英

郑卫宁的创业之路

1999年，郑卫宁和几位残疾人朋友创办了"中华残疾人服务网"。

这是一个以残疾人及其家属为主要服务对象的公益性网站，涉及内容包括残疾人生活、就业、交友、学习等。成立的第一年，就在全球残疾人福利网站中创下点击率最高的纪录，带动了一大批残疾朋友走进了网络生活，并且帮助许多残疾人实现了就业和再就业。

2009年，郑卫宁将公司正式注册成为残友集团。集团设有残友软件、残友动漫、残友科技、残友电子商务、残友网社、残友软件香港分公司等九个分公司，还有深圳市信息无障碍研究会等四家服务和研究性机构。

残友集团现已发展成为世界上唯一全部由残疾人软件技术精英组成的高科技软件企业，并有残疾人员工300余名。

ZHONGHUACHUANTONGMEIDEBAIZIJING

中华传统美德百字经

立·人贵自立

第三篇

天行健，君子以自强不息

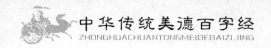

万金油大王胡文虎

◎有志者在乎自力。——方孝孺

胡文虎（1882—1954），出生于缅甸仰光，原籍福建永定县金丰里中川乡，客家人，是南洋著名的华侨企业家、报业家和慈善家，被称为南洋华侨传奇人物。他从继承父亲在仰光的一家中药店开始，后来在制药方面崭露头角，以虎标万金油等成药致富，号称"万金油大王"。

20世纪20年代开始，由著名华侨实业家胡文虎创制的万金油、八卦丹、头痛粉、止痛散和清快水被称为"虎标五大良药"，闻名中外，畅销世界，历久不衰。

胡文虎凭着自立自强、开拓进取的精神，最终成为了一代富豪。可是他不忘强国，成为富豪后在祖国大陆热心兴办公益慈善事业，更为人们所称道。

胡文虎的父亲胡子钦是名中医，因家里贫穷外出谋生，在1862年只身飘洋过海来到仰光，在当地行医。由于他的医术高超，深得缅甸华侨的敬重，因而在仰光站稳了脚跟，还开了间中药铺，取名永安堂，经营中草药，并娶了当地一位潮州籍华侨的女儿为妻，安家立业。

胡子钦生有三子：文龙、文虎、文豹。文龙幼时夭逝。文虎10岁那年，胡子钦把他送回家乡永定县读书，14岁接回仰光，留在身边学医。1908年，胡子钦去世了，留下的永安堂中药铺由于经营不善，勉强维持。

为了一家人的生活，文虎、文豹兄弟两人合计，由文虎去香港办货，文豹在仰光守店经营。由于两人配合得很好，药店经营逐渐有了起色，文虎也重新回到仰光。

早年胡子钦从家乡来到仰光时，曾从国内带来一种名为"玉树神散"的中草药。这种药不但能提神解暑，还能止痛止痒，非常灵验。由于南洋一带离赤道较近，太阳光照射时间很长，当地人非常容易中暑、头晕、乏力，而且当地蚊虫多，叮咬后痒不可止。"玉树神散"深受当地居民欢迎。

胡文虎就以此药为基础，经过科学的改良，终于研制出一种能够医治多种病痛的药油，取名"虎标万金油"。

在创业初期，万金油要打入市场，畅销各地，与市面上早已风行的同类药品如"至宝丹"、"如意膏"、"如意油"、"佛标二天油"等药品竞争取胜，不是一件容易的事。为此，胡文虎在推销万金油时，采用了许多新的招术。

首先，他根据万金油主要用于应急诊治多种疾病的备用药物特点，从薄利多销、面向大众及携带方便、人人买得起几方面考虑，把原来散装流质、每瓶一元的万金油改为小瓶装，再改为铁盒装软膏，每盒一角钱。其体积、形状只有纽扣大小，价格又极便宜，因而受到顾客欢迎。

然后，胡文虎又进行了走江湖式的宣传，提着药箱在大街的两旁摆上药品，向路人宣传，并供人免费试用。

由于万金油效果好，价格又便宜，人们纷纷购买。另外，他还委托仰光市的一些药店代为寄卖，也起到了一定宣传效果。

后来，胡文虎又采用了费用低却能突破时空限制的广告宣传方法，即印制许多大张的招贴广告，派人各地张贴，他自己也亲自张贴，常常是累得满头大汗。

当时，在仰光、新加坡、香港、马来西亚等地，到处都可以看到虎标万金油的广告。这些广告也收到了很好效果，扩大了药品知名度，销售量大大增加。胡文虎把这种艰苦竞争的做法称为"客家精神"。

随着"虎标万金油"销路的打开，胡文虎的收入也日益增加。他还学习西方的商品宣传方法，在城市竖起装有霓虹灯的高大广告牌，在报上大登广告，广泛宣传，以推销产品。

1926年，胡文虎把永安堂总行从仰光迁至新加坡，文豹仍然留在仰光继续经营。

新加坡是东南亚的交通枢纽，商业繁荣昌盛，居住着很多华人。经过三四年的奋斗，胡氏事业迅猛发展，永安堂除了仰光老行和新加坡总行外，还在祖国各地设立了分行或分销机构，在欧美大城市也设有特约经销部。

20世纪30年代中期，永安堂成药经营发展到了鼎盛时期，虎标万金油的年销售量高达200亿盒。新加坡和仰光两地的年营业额达叻币1000余万元。虎标万金油从仰光到整个东南亚和祖国各地，一直打进国际市场，永安堂也随之不断扩大，最终改称为虎豹兄弟有限公司。

1929年前后，世界经济萧条，市场很不景气，而虎标万金油的产销量却有增无减，没有受到任何影响。胡文虎的资金也越来越丰厚，资金积累到了登峰造级时期。真可谓生意兴隆通四海，财源茂盛达五洲。

胡文虎深知广告在企业经营中的重要作用，为了宣传他的万金油，他又介入新闻事业，连续创办了15种报纸。

这15种报纸形成了一个星系报纸企业集团。它不仅为宣传万金油发挥作用，同时也成为广大海外华侨表达爱国热忱的地方。通过报纸对万金油的宣传推销，胡文虎的收入又增加了，他的资金比他的一盒万金油不知要大上几千万倍，他也被人们称为"万金油大王"。在东南亚，他成为一位豪富华侨巨商，并以永安堂和星系报纸为两大支柱兴办各种企业，包括崇侨银行、大众保险公司、自来水公司和电力公司等。

胡文虎的宗旨是：人为本，财为用，取之于社会，用之于社会。他既善于聚财，又乐于散财。胡文虎在成为巨富之后，念念不忘祖国和家乡，做了许多社会公益慈善事业。他给自己定下规定：每年盈利的四分之一（后增加为60％）要拨出用于公益事业。他一生捐献给公益慈善事业的钱不计其数。

1954年，这位万金油大王、著名的华侨实业家胡文虎因心脏病在美国檀香山皇后医院逝世，终年71岁。

◎故事感悟

团结奋斗，自强自立，敢于冒险，是中华民族传统的精神。纵观胡文虎的一生和事业的成功无不洋溢着这种精神。而我们也要继承和发扬这种优良的传统美德，使之永生不灭！

◎史海撷英

胡文虎热爱祖国

在20世纪30年代初，新加坡的游泳池很少，并且有些游泳池还不准华人入内。胡文虎见状非常生气，就把自己的一间旧别墅改建成游泳池，装有较好的设备。

为了更好地照顾侨胞，胡文虎还在游泳场的门口挂上牌子，不许非华籍人士入内游泳，很受华侨们的欢迎。

◎文苑拾萃

胡文虎经典语录

（1）一个商人并不单纯是商人，他可能是为一己利益而活动的商人，同时又是为大家利益而活动的别种人。

（2）专心致志聚财，全心全意散财。

（3）金钱在某种场合应用得当，它是万能的，有时应用不得其当却会作恶害人，为个人或子孙积钱是极笨的事。

范旭东的自立创业史

◎手拣来的伟大科学发明是不可想象的。——华罗庚

> 范旭东（1883—1945），湖南湘阴县人，出生时取名源让，字明俊，后改名为范锐，字旭东。他是杰出的化工实业家，我国重化学工业的奠基人，被称作"中国民族化学工业之父"。

　　谈及化学，离不开酸、碱、盐；讲化学工业，则不能忘记范旭东。他创办了中国第一个精盐厂、第一个纯碱厂、第一个硫酸铵厂，为中国化学工业作出了卓越贡献。他不愧是中国化学工业的开拓者和奠基人。

　　1894年甲午战争后，力图变法，振兴中华之风盛行。范旭东受这一新思潮的影响，经常到长沙新党所办的求贤书院看报读书、谈论时事，探索中国自强之道。

　　17岁那年，范旭东随哥哥范源濂东渡日本。在日本，范旭东亲眼看到了日本各项事业蒸蒸日上，国势强盛；而此时的清朝政府却腐败无能，使祖国任列强欺凌，国弱民穷。因此，范旭东立志要科学救国，振兴中华。

　　1908年，范旭东从日本冈山第六高等学校毕业，考入西京帝国大学化学系。1911年辛亥革命爆发，清王朝灭亡，范旭东回到祖国，有志兴办中国的化学工业。

　　巧的是，已经担任北洋政府教育总长的范源濂为弟弟争取了一次去欧洲考察盐政的机会。通过这次考察，范旭东更加坚定了科学救国、发展中国

化学工业的信念。同时，范旭东也清楚地认识到：在中国，必须自己能制造出标准的精盐，改良盐的质量，抵制进口精盐，以挽回利权。中国还必须自己能利用盐制纯碱，抵制洋碱进口，来保证中国化学工业的发展。为了实现自己的理想，范旭东走上一条坎坷、曲折、艰难的奋斗之路。

1913年，范旭东只身来到渤海之滨盛产海盐的塘沽，各处察看。塘沽不仅有着丰富的盐产，而且有便利的海陆交通，它的不远处就是盛产煤炭的唐山。

范旭东认定，塘沽就是天赋的以盐为主要原料的化学工业基地。因此回到北京后，范旭东便呈请北洋政府财政部盐务署，在塘沽创办精盐工厂及试制盐的副产品，很快就被获准立案。

经过招募基金、购置土地、兴建厂房、安装设备等筹备工作后，1914年12月，工厂正式投产。就这样，范旭东在渤海边的塘沽创办了中国第一个精盐厂——久大精盐厂，为中国的近现代化学工业奠定了第一块基石。

久大精盐厂生产出的精盐品质纯净、色泽洁白，因此深受百姓欢迎，取得了中国历史上改良食盐质量的空前成功。但是，这也触动了封建盐商的利益，从而在运销上受到盐商的极大抵制，使"久大"的生存和发展受到严重威胁。

范旭东不畏困难，奋力筹划经营，努力创业，终于扭转了局面。久大精盐厂在长江流域的湘、鄂、皖、赣四省取得了五个口岸的销售权，使北盐南下。久大精盐的产量也逐年增加，到1919年时，每年产量可高达6.25万吨，根基日益稳固。

1922年，范旭东为了维护国家的利益，团结当地盐商，共同组织成立了永裕盐业公司，以300万元的巨资承受了政府收回日本在青岛的全部盐产。1936年，范旭东把久大精盐公司改为久大盐业公司，扩大了经营范围，还在江苏大浦建立起盐厂。1937年"七七"事变后，大浦盐厂和塘沽久大盐厂先后迁入四川，建厂制盐。

自19世纪90年代八国联军侵华战争爆发以后，英商卜内门公司的洋碱就开始倾销中国。当时，中国工业相当落后，老百姓只能食用天然土碱。这种土碱杂质很多，不仅严重影响人民的身体健康，而且也不能当做工业原料。而洋碱是采用化学方法生产出来的，其碳酸钠含量高达99%以上，杂质极少，质量大大超过土碱，且价格低廉，不论工业用还是民用都很受欢迎，在中国几乎独霸市场。

范旭东早在欧洲考察的时候，就深深地感到，一个国家如果没有制碱工业，就谈不到化学工业的发展。为了改变洋碱充斥市场的状况，发展中国的化学工业，范旭东在创办精盐工厂的基础上，开始了变盐为碱的艰苦奋斗。

1917年，范旭东开始筹划在塘沽兴建纯碱工厂。正巧，上海陈调甫、吴次伯、王小徐三人也为了准备筹建制碱工厂来到塘沽考察，并特地慕名拜望了范旭东。

陈调甫毕业于苏州东吴大学化学系，曾试制过纯碱。王小徐是留英学生，研究数学、电工、机械。陈调甫和王小徐两人住在范旭东家里。三人共同进行当时世界上最先进的苏尔维法制碱试验，这在中国尚属首次。试验很成功，制出了纯碱，这更坚定了他们在塘沽建碱厂的信心。

接下来便开始进行招募股金工作。由于范旭东创办的久大精盐厂取得了有目共睹的成绩，他在社会享有很高的声望。当他创办碱厂时，久大的股东、久大各地代销商、银行家、官僚政客等都纷纷投资。其中，久大精盐厂是碱厂的最大股东，金城银行也是碱厂的重要经济支柱。1920年，碱厂定名为"永利制碱公司"，设厂址于塘沽，资本总额定为银洋40万元。同时，农商部还批准公司享有特许工业用盐免税30年。凡在塘沽周围百里以内，他人不得再设碱厂，并规定公司股东必须是中国国籍者。

1918年，范旭东派陈调甫到美国学习制碱技术，考察制碱工业以及寻找设计部门、订购设备等。

陈调甫到了美国后，首先拜访了纽约华昌贸易公司的总经理李国钦。李国钦是湖南人，是美国经营矿业的巨商，虽然已经加入美国国籍，但很富有爱国心。随后，他介绍了得力的技术人员，如美国人孟德为永利顾问工程师。孟德又介绍了美国制碱专家G．T．Lee，到塘沽协助建厂。永利碱厂是由美国专家在美国主持设计的，但其中参加设计工作的还有很多中国留学生，其中就有后来誉满全球的中国制碱专家侯德榜。

侯德榜在美国哥伦比亚大学专攻制革专业，获得化学工程博士学位。他很钦佩范旭东在中国兴办制碱工业的胆量和气魄，也加入到改变中国制碱工业落后面貌，发展中国化学工业的行列中。

1919年，塘沽永利碱厂破土动工，陈调甫、侯德榜等留学生陆续回国。机器设备也陆续运到塘沽，投入安装。1921年，请美国专家G．T．Lee前来塘沽，指导管道安装工作。一年以后安装完毕。1924年，永利碱厂正式开工生产了。

然而令人失望的是，永利碱厂所产的纯碱质量并不合格，红黑两色间杂，且主要设备四口干燥锅又被烧毁，工厂只好停工。

但范旭东并没有就此罢休，他再次派侯德榜去美国，率领技术人员进一步考察制碱技术，寻找失败原因。美国专家G．T．Lee也深深为范旭东百折不挠的创业精神所感动，又续约了三年，继续留下来帮助永利解决技术问题。经过大家的共同努力，最终找到了失败的主要原因是从美国购进的干燥锅质量低劣所致。

技术上的关键问题找到了，范旭东派G．T．Lee回美国与侯德榜合作，重新购置回先进的圆筒形干燥锅，并改进和改造了相应设备。

1926年6月29日这一天，永利碱厂终于生产出了纯净洁白、质量极佳、碳酸钠含量达99％以上的纯碱，从此打破了英商卜内门以优质纯碱独霸市场的局面。

永利碱厂的成功，使中国成为亚洲第一个使用苏尔维法制碱的国家。自此，永利碱厂的事业便蒸蒸日上。

永利制碱厂第二次开工仅两个月，生产出的纯碱就在美国费城召开的万国博览会上荣获了金质奖，为祖国赢得了荣誉。从此，中国纯碱进入国际市场，使得各先进国家刮目相看，连英商卜内门公司也甘拜下风，洋碱霸占中国市场的时代一去不复返了。

到1930年，永利纯碱的产量和质量都有了显著提高，而且增加了烧碱的生产。至此，中国有了自己比较完善的制碱工业。

随着中国"化学工业之母"的强壮，范旭东又开始实现创办硫酸铵厂，生产农业化学肥料，为中国奠定酸、碱、盐三位一体的基本化学工业的远大目标。他说服了国民政府实业部，将创办硫酸铵厂的艰苦创业重任交给了他，最终打破了英商卜内门集团全面垄断广大中国农村化肥市场的美梦。

1935年，中国第一硫酸铵厂开始筹建，厂址设在南京。范旭东吸取了创办永利碱厂的经验教训，在承办硫酸铵厂时，重点突破两大难关：一是全面设计，二是资金的来源。

范旭东派永利碱厂总工程师侯德榜先赴美国主持设计工作，并购买机器设备，后来又派三位工程师赴美国协助侯德榜的工作并进行实习。为了筹集资金，兴建硫酸铵厂，范旭东全面调整了永利碱厂的资金。

1934年，范旭东成立了永利化学工业公司，管理塘沽永利碱厂和南京永利硫酸铵厂。新增添资本350万元，其中新认股200万元。永利化学工业公司还以发行公司债券的方式，筹集资金550万元，还向银行借款110万元，先后共筹集资金1000多万元，用于兴建硫酸铵厂。

1936年底，南京硫酸铵厂全部竣工并投产。至此，范旭东兴办基本化学工业必须同时创办制碱制酸工厂的设想变成了现实。南京硫酸铵厂规模宏大，设备先进，可以制造出各种无机酸，制造出农肥和军工物品，为农业生产和国防建设提供了新的资源。

特别值得一提的是，在南京硫酸铵厂的兴建过程中，陈调甫、侯德榜这两位有识之士满怀爱国热情，对工厂的兴建倾注了不少心血，为建立我国的基本化学工业作出了重要贡献。

侯德榜等人在美国进行设计和购置机器时，住的是最简易的旅馆，吃的是最普通的饭菜，过着极为俭朴的生活，受到全厂职工的崇敬。为了节约资金，凡是在国内能制造的设备绝不在国外购买，这样，在全厂职工共同努力下，一个计划年产硫酸铵5万吨的大厂，在仅仅20个月的时间内就建成投产了，创出了世界制酸工业建厂速度的新纪录，也是中国工业史上的创举。

范旭东认为：要发展工业，就必须使科学研究先行。基于这种认识，早在他创办久大精盐厂时，就成立了一个化验室，专门研究解决生产中的技术问题，促进企业的发展。

1922年，范旭东又在久大化验室基础上，建立起了黄海化学工业研究社，成为国内第一个私人创办的科学研究机构。

可见，范旭东是一位具有远见卓识的企业家和科学家。在短短几年中，"黄海"的研究人员经过实践写出了不少有价值的论文，并为永利、久大输送了不少技术骨干，引起学术界、教育界的重视和支持。范旭东为了全力办好"黄海"，还把永利、久大发给他的创办人酬劳全部捐赠给了"黄海"。

久大、永利、黄海三大事业不断发展壮大。1928年，范旭东还创办了"永、久、黄"团体的内部刊物《海王》旬刊，起到"互通消息，联络感情"的目的，并为"永、久、黄"团体积累了不少历史资料。

1937年，抗日战争爆发，给"永、久、黄"以毁灭性的打击。日本军方企图通过合作把南京硫酸铵厂变为日军军工厂，但遭到了范旭东的断然拒绝，并表示"宁肯举丧，不收奠仪"。日寇一怒之下，连派飞机三次轰炸该厂。范旭东悲愤万分，决定抗战到底。后来，"永、久、黄"全部西迁到了四川的西部，重新建立厂房。范旭东在华西又开辟了新的化工基地。

从1913年到塘沽盐滩艰辛创业，到1945年日本投降，范旭东坎坷30多年，呕心沥血，终于为中国的化学工业打开了崭新的局面，奠定了发展的基础。他还为进一步发展中国化学工业制定了一个宏伟的"十厂计划"，准备新建、重建、扩建有机化学、无机化学、农肥、陶瓷、玻璃等十大工厂。

为了解决资金问题，范旭东在1945年5月在美国与华盛顿进出口银行商妥1600万美元的信用贷款，但国民党政府拒绝为这项贷款做担保。面对国民党政府如此扼杀民族工业的卑劣行径，范旭东气愤填膺。不久，范旭东病倒了，1945年10月4日在重庆逝世，终年62岁。

范旭东壮志未酬，含恨离开人间，但他那毕生为兴办中国民族化学工业的不朽功绩将永远为人们所怀念。

◎故事感悟

范旭东面对困境，一直坚持自力更生、艰苦奋斗走发展民族工业之路。要想为民族工业振兴作一点贡献，不仅要有笃信自立的精神、强烈的爱国心，还要有过硬的技术、相当的资金和求实的科学态度。

◎史海撷英

范旭东创办中国工业服务社

抗日战争期间，范旭东本着"以能为社会服务为最大光荣"的信条，创办了中国工业服务社。

范旭东亲自为中国工业服务社拟订章程，规定其宗旨是："协助有志兴办工业的团体或私人，为其提出的工业生产项目，共同进行调查研究，如资源、厂址、技术工艺、设备要求和投资计划及市场需要等。"一经委托和受托双方取得协议，即由该社提出建设方案和工程计划，从永利、久大、黄海等单位中抽调人员协同委托单位实施。

中国工业服务社刚刚办起来，就与四川省南川县的一个煤矿签订了合同，范旭东派永利的黄汉江前去帮助该矿将生产搞了上去。这也是我国化工科技咨询服务工作早期的一次成功范例。

◎文苑拾萃

创业励志经典语录

（1）人永远不要忘记自己第一天创业时的梦想。

（2）人生的意义就在这个过程上。你要细细体认和玩味这个过程中的每一节，无论它是一节黄金或一节铁；你要认识每节的充分价值。

（3）积极者相信只有推动自己才能推动世界，只要推动自己就能推动世界。

（4）只有一条路不能选择，那就是放弃的路；只有一条路不能拒绝，那就是成长的路。

（5）在创业过程中，如果说压力，我认为选择什么不做是非常大的压力。因为在这过程中受到的诱惑太多了，每一个新的概念都可以做很大的东西。在商业上的策略不是决定做什么，而是决定不做什么。

（6）一个真正的企业家，不能只靠胆大妄为东奔西撞，也不可能是在学院的课堂里说教出来的。他必须在市场经济的大潮中摸爬滚打，在风雨的锤炼中长大。

华侨企业家陈嘉庚的故事

◎力行以待取，其自立有如此者。——《礼记·儒行》

> 陈嘉庚（1874—1961），福建同安县集美社人（现厦门市集美镇），华侨企业家，厦门大学、集美大学、集美中学、翔安一中、集美学村、翔安同民医院等均由陈嘉庚创办。陈嘉庚还是马来西亚及新加坡地区著名华人企业家，生前曾为东南亚地区华侨领袖、爱国人士。

陈嘉庚是一位著名的华侨企业家、杰出的华侨领袖，也是一位倾资兴学、培育英才的爱国教育家。他的一生反映了海外华侨为反对帝国主义、殖民主义，争取祖国独立富强而进行的艰苦卓绝的斗争。他长年侨居新加坡，在政治上、经济上都对东南亚有着广泛而深远的影响。毛泽东曾赞誉他为"华侨旗帜，民族光辉"。

陈嘉庚的父亲陈缨杞是一位在新加坡经营米店的华侨商人。陈嘉庚小时候，父亲经常寄钱回家，赡养一家老小。陈嘉庚从小就帮助家人在地里做农活，九岁时才进入集美社的"南轩私塾"，开始读书识字，接受封建传统教育。17岁时，由于塾师病故，陈嘉庚才被迫停学。陈嘉庚共读了八年私塾，因此他的中文水平还是很高的。

1890年秋，17岁的陈嘉庚奉父命前往新加坡，开始跟随父亲学习经商。刚开始时，他就在父亲开设的顺安米店中协助族叔管理银钱账务，兼做文书。陈嘉庚聪颖勤奋，做事处处留心，很快就适应了这里的环境，并逐渐积累起

一定的商业知识和管理经验。

两年后，陈嘉庚做了经理，独掌顺安米店，不仅把米店的生意经营得红红火火，还协助父亲开展房地产等业务。父子齐心合力，生意更是蒸蒸日上。到1900年，陈家的总资产很快就增加到了35万元。这是陈嘉庚的父亲在新加坡经营实业的最佳景况。

1900年，陈嘉庚返乡安葬慈母，并守孝三年。1903年7月，陈嘉庚才风尘仆仆地返回新加坡。本来指望可以继承家业大展宏图，不料此时顺安米店的状况已远非昔日可比，各种事项凌乱不堪，仿佛无人管理一般。

原来，在陈嘉庚返乡的三年中，老父亲已经不直接管理财务。族叔因患麻木症，行动呆滞，也无力经营米店。而庶母却挥金如土，此时已经导致陈家负债累累，濒于破产。

痛心疾首之余，陈嘉庚说服父亲，毅然停业收盘，宣告破产，将所有资产抵押借款外，还负债20余万元。陈缨杞平时生活俭朴，辛辛苦苦地经营工商业数十年，到头来却落到如此下场。陈嘉庚立志重振家业，为父亲偿还债务。

新加坡及其相邻的马来西亚等地均盛产菠萝，而且物美价廉，以当地菠萝制成的罐头风靡欧美。1905年春，陈嘉庚看准了此项生意销路畅、投资少、见效快，便当机立断，集资7000元，从速从简地建起了"新利川"菠萝罐头厂。随后，他又接办了另一家"日新"罐头公司，勇敢地迈出了独立创业的第一步。

陈嘉庚总结了父亲经营失败的原因，主要是不直接过问各厂号的业务。所以当他经营企业时，凡是关键的问题一定亲力亲为，一丝不苟。他过去对菠萝厂的生产与销售情况不是很了解，现在就深入了解情况，力求做到心中有数。

当时，菠萝罐头的品种繁多，以条庄、方庄、枚庄为大宗，约占八九成，全年出产约170多万箱。而块庄、圆庄、刻花庄等其余十多种统称"杂庄"，虽然获利大但需求量小，每年生产不超20万箱，所以不被一般厂家所重视。

见此情景，陈嘉庚大胆采用人弃我取、避实就虚的经营方针，果断地承揽了全部的杂庄定货。

在经营中，陈嘉庚还一改诸厂家采购原料均在季末停工时核算的贯例，规定了当日进料、当时制完、当日核算得失的管理办法，从而防止了盲目生产和浪费现象的出现，而且又为次日选购原料和议价提供了可靠的依据。而且，他还坚持每天两次深入生产车间，亲自监督生产，以保证产品质量、降低成本。

经营了三个月后，两家工厂共获利四万余元，这增强了初出茅庐的陈嘉庚独立经营企业的信心。

陈嘉庚还借鉴父亲在经营实业中的成功经验，即搞多种经营和把企业引向纵深发展的道路。他扩大米业经营，增设了"谦益米店"和"恒美熟米厂"。由于经营顺手，陈嘉庚也屡屡获得成功，这也为陈嘉庚增添了扩大业务、另辟门路的勇气和信心。

除了经营米业外，陈嘉庚还进一步增加投资，更新设备，开办新厂，严格管理，并购进数亩菠萝园，以自给优质原料，把菠萝的生产与加工联系起来，使企业向纵深发展。经过几年艰苦创业，到1907年，陈嘉庚把父亲的负债全部还清了。

几年来，陈嘉庚经营的米店、米厂、菠萝罐头厂、菠萝园等，业务都蒸蒸日上，财富也是与日俱增。但是，陈嘉庚成为东南亚大名鼎鼎的企业家并不是因为这些，而是由于他破天荒地创办了橡胶企业。他投资橡胶业的敏锐洞察力、非凡勇气和巨大成功，至今仍为人们所称道。

橡胶树原产于南美洲的巴西，陈嘉庚初到新加坡时，新加坡还没有橡胶树。1896年，马来西亚华侨陈齐贤和林文庆在马来西亚种下了一片橡胶树。

20世纪初期，随着汽车工业的飞速发展，橡胶业也得到了迅速发展。1905年，陈齐贤和林文庆种植的橡胶树获得了巨额利润。陈嘉庚敏锐地意识到，发展橡胶工业将前途无量，因此率先调整了经营方向，投资兴建橡胶园。从此，陈嘉庚开始经营橡胶种植业。

1906年，陈嘉庚以1800元的高价从陈齐贤手里买下18万粒橡胶种子，栽种在自己的菠萝园中。随后，他又陆续购置了橡胶园，最多时达1.5万亩，成为华侨中最大的橡胶种植者之一。他还根据市场变化，及时关闭了效益欠佳的菠萝罐头厂和米厂，转产为橡胶厂。

在与人合作经营三家橡胶公司的同时，陈嘉庚又先后购进了马来西亚、新加坡10家已濒临倒闭的小橡胶厂，并引进技术，更新设备，扭亏为盈。当陈嘉庚所经营的生胶买卖蒸蒸日上的同时，他又看到了工业的重要性，并先于同行把着眼点投入到橡胶熟品制造上。

陈嘉庚先后创办了几个胶品制造厂，生产各种胶鞋（靴）、轮胎、医药用品和日常用品。为了销售自己的产品，他在中国大陆、香港、东南亚和其他各国商埠先后设分销店80余个，直接代理商遍及五大洲。

到1925年，陈嘉庚经营的各类企业，包括橡胶业、米厂、木材厂、冰糖厂、饼干厂、皮革厂和火锯厂等，已经发展到了30余家，商店百余处，雇工数万人，年获利高达800万元，拥有总资产达1200多万元，相当于黄金100万两。

经过二十多年的苦心经营，陈嘉庚使自己的全部事业都发展到了顶峰。由于他投资橡胶业的成功，也成为当地同行业中的佼佼者，并因此而获得了"橡胶大王"的称号，享誉海内外。

20世纪20年代末30年代初，一场空前的经济危机席卷全球。陈嘉庚孤悬海外，苦苦支撑，终于未能摆脱厄运。在绝境中，他宁愿让企业破产，也不愿做洋人的附庸，表现出了崇高的民族气节和伟大人格。

◎故事感悟

　　正是由于陈嘉庚发扬这种自立自强可贵的民族精神，他才能取得瞩目的成就和辉煌。自立自强，方能成大业。我们要继承和发扬这种精神。

◎史海撷英

陈嘉庚加入同盟会

　　陈嘉庚在新加坡经商期间，在孙中山革命思想的熏陶下，热情地投身于民主革命。

　　在朋友林义顺的介绍下，陈嘉庚认识了孙中山，还参加了新加坡同盟会会员的秘密会议，与孙中山共商制订了党旗方案。这次聚会，也激发了陈嘉庚踏上了革命征途，使陈嘉庚的一生都难以忘怀。

　　1910年春，陈嘉庚在孙中山革命思想的启迪下，痛感清政府的腐败无能，向往进步，因此与胞弟陈敬贤双双剪掉发辫，同一批有志之士脱离了与清廷的关系，在中国同盟会盟书上发誓签名："驱除鞑虏，恢复中华，创立民国，平均有权，矢信矢忠，有始有卒。如有渝此，任人处罚。"

　　加入中国同盟会也成为陈嘉庚政治生涯的重要里程碑。从此，陈嘉庚遵照孙中山先生的革命宗旨，唤醒侨胞，进行了一系列支持民主革命和振兴中华的爱国活动。

◎文苑拾萃

陈嘉庚科学奖

陈嘉庚科学奖的前身为陈嘉庚奖，是一项以著名华侨领袖陈嘉庚先生的名字命名的奖项。由中科院和中国银行共同出资的陈嘉庚科学奖基金会的设立，旨在奖励近年来获得或被认定的原创性重大科技成就的在世中国科学家，目前共设数理、化学、生命、地球、信息技术、技术科学奖等六个科学奖项，每两年评选一次。

陈嘉庚科学奖的基金会于 2003 年 2 月正式注册登记，其宗旨是：奖励取得杰出科技成果的我国优秀科学家，促进中国科学技术事业的发展，实现中华民族的伟大复兴。

千金女自立创大业

◎自能成羽翼，何必仰云梯。——王勃《王子安
集·观内怀仙》

> 王雪红（1958—），现任台湾威盛董事长、宏达国际董事长、建达国际董事长、
> 全达国际董事长。王雪红系出身名门，其父为"台塑"王永庆。1992年王雪红创建威
> 盛电子股份有限公司，主营集成电路设计和PDA代工，历经10年苦心经营，2003年
> 威盛集团的营收在全球集成电路设计公司中排名第十一位。

王雪红曾名列台湾第一女富豪，而由她所创办的威盛集团在全球IT产业界更是举足轻重。然而，当人们介绍她时，却总要说：这是台湾"经营之神"王永庆的女儿！

开始时，王雪红对这种话有些耿耿于怀，但后来她慢慢释然了，并且很自然地接受这种说法了。对此，王雪红半开玩笑地说："这是没有办法的事情啊，毕竟，我父亲的职业生涯太长了！"

对于王永庆，大家都应该是耳熟能详。他是著名的台塑集团大老板，以善于经营管理大型企业而名闻天下，有着"经营之神"的美誉，在全球华人商圈中属于重量级的人物。而威盛集团的董事长王雪红正是王永庆的三女儿。

王雪红在十几岁的时候就被父亲王永庆送到美国读书，父女之间的沟通全都依靠信件来进行。

在开始阶段，王雪红每周会收到父亲的一两封信，后来就少了，但两三个星期也都能收到父亲的信，而且每一次都是好多页。父亲王永庆会与王雪红谈很多工作上遇到的问题，告诉女儿自己是怎么想的、怎么处理的。不过

王雪红还太小，而王永庆的字写得又草，所以她常常都看不太懂。

其实，王永庆与许多传统家长的教育方式都是一样的，对儿女极其严厉，儿女们对他也都十分敬畏。王雪红只要在台湾，都会争取每周去见父亲一次，工作上遇到难题，也会向父亲请教一番。而每次在见父亲前，王雪红都要好好地做一番准备，有时候甚至像要汇报工作一样，还带着自己最新产品和说明书，生怕自己说错了，被父亲批评。

后来，王雪红的名气渐渐上升后，许多人开始发现：在她的众多兄弟姐妹中，这个闺女最像父亲王永庆。不管是性格、长相，甚至走路的样子，都很像。然而，却很少有人会说"这个闺女靠她爹"。

1992年，王雪红为了创办威盛电子集团，用母亲送的房子作抵押，从银行拿到了500万台币（合100多万人民币）的贷款。这也是王雪红创业时从家庭获得的唯一的间接支持。

在随后的十多年间，王雪红从没有向父亲要过一分钱——即便是在威盛发展最艰难的时刻，她也是自己想办法。不过王雪红觉得，父亲的"无形资产"对自己帮助更大。

比如王雪红在刚刚建立威盛集团时，需要找一个强而有力的团队。可是他们凭什么相信初出茅庐的王雪红呢？最有力的一点，就是"她是王永庆的女儿"。

当时，有一位海外工程师的太太不让他的丈夫回来，直到"王永庆的女儿"亲自出马，这位太太才放行。

王雪红认为，父亲王永庆给自己在企业经营上的最大财富是"理念"。王永庆做事很喜欢追根究底，甚至威盛的每一件重要产品，王永庆都会听女儿亲自讲解一番。后来，"追根究底"也成为威盛集团文化发展的一部分。不仅出错的时候要追根究底，就是结果还不错的事情，王雪红也会再深入一层，探寻一下是不是还可以再改善，不能满足于现状。

对于父亲王永庆强调的"永续经营"，王雪红认为，做IT产业还有另外一种做法，就是把公司做得差不多时转手卖掉，这样就可赚到一笔钱，但王雪红却不想这么做。因为她想让威盛集团长久发展，希望做世界上最好的企业。

有人会问："如果有机会，你是否愿意做父亲的接班人呢？"

王雪红的回答很干脆："当然不会了，隔行如隔山，还是IT更适合我。"

◎故事感悟

　　父亲是全球华人商圈中的重量级人物，而王雪红不依靠父亲的帮助，而是"自立拼天下"。巾帼不让须眉，"天行健，君子以自强不息"这句话同样适用于正在自己岗位上所有打拼的人！

◎史海撷英

王雪红早年的留学经历

　　王雪红从台北高中毕业后，便只身前往美国加州大学伯克利分校攻读经济学，从此加入到早已在美国读书留学的哥哥姐姐们的队伍之中。由于哥哥姐姐们都在其他州，王雪红便独自住在旧金山的犹太人寄宿家庭。当时，在这所学校里只有王雪红一个中国学生。

　　在伯克利分校，在没有一个亲人在身边的情况下，王雪红学会了战胜孤独的方法，就是经常上图书馆读书，或者留在宿舍里做功课，功课做完后就读一读鲁迅、巴金、余光中等人的小说散文。就这样一天一天下来，虽然觉得有点疲劳，但生活过得却很充实。

　　在伯克利分校读书期间，从小就梦想将来当音乐家的王雪红似乎对经济并不那么感兴趣，课后喜欢听音乐。而且，弹得一手好钢琴的王雪红还经常参加学校的音乐作曲或演奏比赛，并想方设法地加入到全美排名总是第一、二的伯克利分校的音乐系作曲组。

　　在这里，王雪红大开眼界，第一次看到了音乐这个殿堂是多么深厚而宽广。这时，她才发现自己作曲水平和其他同学相比真有天壤之别，觉得自己根本不是从事音乐的料子，从此也坚定了学习经济的决心和信心。

◎文苑拾萃

王雪红经典语录

（1）一个人要成功，要选最困难的事情去做。

（2）最有价值的企业要成为规格制定者。在某些方面，威盛已成为规格制定者，引领全球企业。

（3）希望10年后，可以做到百亿美元的企业，向英特尔看齐。

（4）创业之路就像负重登山，必须心怀攀登顶峰的理想，同时坚心定志，从每一个细节做起。

（5）从做好每一件小事起步，不断克服困难，不断自我激励，才能在最后欣赏到群山之巅无限美好的风光。

钟彬娴自立成大事

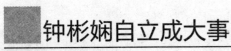

◎笃行信道，自强不息。——格言

> 　　钟彬娴（1958—），美籍华人，雅芳公司总裁和首席营运长官。1958年生于加拿大多伦多一个中产阶级移民家庭里，20岁时她从普林斯顿大学毕业。钟彬娴加入雅芳，曾任公司总裁和首席营运长官，她还在《财富》杂志2004年公布的"全美最有影响力的50位商界女性"排行榜中，连续六年榜上有名。

　　1958年，钟彬娴出生于加拿大多伦多的一个中产阶级移民家庭里。钟彬娴是家中的长女。她的母亲是上海人，是一位很有造诣的钢琴家，后来成为加拿大第一位女性化学工程师；她的父亲生于香港，是一位受人尊敬的建筑师。

　　钟彬娴的母亲希望女儿也能像自己一样——自强自立。因此，母亲经常教导钟彬娴说："男孩子可以做的事，女孩子也绝对都可以做。只要努力，女人无论在哪个领域都能到达顶峰。"

　　钟彬娴永远记住了母亲的这句话。在雅芳公司，她一步步地获得成功，并最终成为《财富》500强企业中的六位女总裁之一。

　　美国《新闻周刊》在2004年12月20日出版的最新一期周刊中，提名了2005年的十大新闻风云人物，其中包括雅芳公司董事长钟彬娴女士。

　　1994年，36岁的钟彬娴走进了美国雅芳公司的大门。

　　钟彬娴在进入美国雅芳公司后，虽然在公司内获得了提升职业素质的绝佳环境，但由于公司的决策层领导无方，导致美国雅芳公司在1999年从美国有史以来最大的经济繁荣期却意外而不可思议地坠入了经营不景气的万丈深渊——第四季度的销售和盈利急剧下滑，股票熊气连连暴跌；越来越多的女直销员不愿再推销雅芳的产品，产品销量也急剧下降……

面对"雅芳时代已经过去了吗？"的各界质疑，39岁的钟彬娴"明知山有虎，偏向虎山行"，以首席运营官的过人魄力和无畏胆识，受命于危难之际，成为"美国雅芳公司"有史以来的第一位女性CEO。

令人惊奇的是，在钟彬娴上任的第二天，美国雅芳公司的股票竟然牛气冲天，神奇般地上涨了23％。巧借这样的天时、地利、人和的东风，钟彬娴大打出手，使出了一招紧接一招的"改革杀手锏"。

虽然美国雅芳公司是"上门直销之父"，但随着时代的发展，也造就了美国妇女四分之三都要出去就业的现实，这也让"上门直销"的模式变得不可行起来。

正是看到了销售环节中的这一变化，钟彬娴在上任四周后就果断地提出，在保持"上门直销"业务量不减的前提下，大胆冒险地向传统零售领域挺进，在全球市场首批设立了50个商场专卖柜台，一下子就吸引了许多年轻的女性。同时，她还不失时机地涉足电子商务，以方便消费者在网上购物。

面对"雅芳是祖母用的，年轻女性不待见"的市场偏见，钟彬娴又甩出了有力的应对之策——"我们的客户以职业女性为主，她们在经济上未必能应付得了高档的美容产品，但又渴求拥有高档品牌所带来的优雅品质。故而我们应精包装、低价格，以充分满足职业女性的'虚荣心'"。

钟彬娴首先辞退了原来的广告合作伙伴，接着便进行形象改良，使产品的包装更高档、更时尚，最后又把研发预算增加到了总预算的46％，将新产品研发的周期从三年缩短为两年。

为了最大限度地摆脱"产品众多销售不畅，市场广阔占领不利"的两难窘状，钟彬娴拉开架势，"三箭齐发"。

第一箭——"雅芳色彩"大一统：钟彬娴经过市场调研，大胆地忍痛割爱，舍弃了众多地区性的品牌，树立起了"雅芳色彩"的统一国际品牌，一下子就使产品品种锐减了30%~40%。

第二箭——"削减成本"增效率：钟彬娴大打成本攻坚战，将供应商从300个缩减为75个，一举节省成本6000多万美元，然后巧借电子技术实现了从推销员下订单到商品出仓各个环节的自动化，一年又削减支出近四亿美元。

第三箭——"新兴市场"抢地盘：钟彬娴钟情于中国、中东欧等新兴市场。2002年，雅芳在中东的销售额高达5亿美元。从1998年到2002年的四年时间，雅芳完成了对中国市场的全方位渗透，净销售额达到六亿元人民币。2002年，雅芳在亚洲地区的利润净增长了50%。

就这样，钟彬娴通过出神入化的经营管理"组合拳"，连续击出了美国雅芳公司跨世纪的勃勃生机——2001年，美国在遭受"9·11"恐怖袭击之前，美国雅芳公司的股票市值两年中攀升了70%，达到每股50美元的历史最高水平；"9·11"恐怖袭击之后的2002年，美国雅芳公司的股票逆市而上，狂涨了19%，每股利润连续三年达到两位数增长；2002年，美国雅芳公司的营业额超过62亿美元，利润升幅达到近10年来最高水平——14%……

钟彬娴的举动，以及为雅芳的发展所作出的贡献，令美国华尔街著名证券分析师赞不绝口——"这几乎是一个商业神话！"

当然，在前进的道路上，钟彬娴也曾遇到过许多的困难与阻力，比如因为她的年轻和性别而被轻视等。但母亲对她自己、对女儿以及对所有女性的坚定的信心，总是支撑着钟彬娴去不断地克服这些障碍，勇往直前。

钟彬娴很庆幸自己能够拥有这样一份宝贵的家庭财富。

◎故事感悟

母亲给钟彬娴的信心是不可替代的，但是她靠的更多的是自立自强、顽强拼搏的精神与斗志。这个故事也告诉我们：欲想成大事者，必得养成自主自立的人生态度，只有这样，未来的梦想才不会那么遥不可及。

◎史海撷英

打破玻璃天花板的女人

1993年，钟彬娴与美国雅芳公司前CEO吉姆的一次会面彻底地改变了她的职业生涯。

当时，吉姆办公室的饰板上印有四个足印：猿猴、赤足男人、男皮鞋和女高跟鞋。上面的题词很简单：领导权的演变。当时，美国《财富》杂志评出的500强企业中，还没有一家是由女性领衔的，因为那时在各个行业都有一块透明的、限制女性上升的天花板。吉姆看着钟彬娴说："我完全相信，在未来的10年一定会有一位女性来领导雅芳。"

钟彬娴根本没有想到，这个打破了玻璃天花板的女人就是后来的自己。

自强自立走上成功之路

◎从来就没有什么救世主，也不靠神仙皇帝，要创造
人类的幸福，全靠我们自己。——格言

徐桂荣是沈阳重型机器厂的一名普通下岗职工。下岗后，她历经千辛万苦，用自己勤劳的双手创办了徐才庆典制作中心。

随着企业的破产重组，大批职工都不得不面临下岗的命运。这对年龄不到30岁而又要求上进的徐桂荣来说，无疑是个非常沉重的打击。

听到这个消息后，徐桂荣默默地回到家里，茶不思饭不想。她觉得的未来已经没有任何曙光了，前途一片渺茫。为此，她自己偷偷地在被窝里哭了好多次。好在有姐姐劝慰她，鼓励她，让她振作起来。

哥哥看到徐桂荣这样，自己也很心疼，就对她说："我看，你很能吃苦，也很能干，我们俩合伙干吧。你一定能行！"

于是，徐桂荣擦干眼泪，慢慢地调整自己的心态，重新振作起来，和哥哥一起跑市场、搞调研。

经过调研，徐桂荣和哥哥感到，经营生产模型气球这个项目肯定错不了，尤其是造型新颖，成本也不高，特别适合喜庆、祝贺时用。她找准了项目，就在哥哥的带动下坚定了信心，着手操作起来。就这样，徐才庆典制作中心成立了。

创业之初，条件非常艰苦。她们一没经验，二没厂房，资金又不足，但在困难面前，她们不退缩、不气馁。没有经验，哥哥就和徐桂荣分头走出去求教取经；没有厂房，社区向她伸出了援助之手，帮她租了一个简陋的小房做生产加工点；没有资金，兄妹两个就一起拼凑。房子自己收拾，设备材料自己

运，没白没黑地干，顾不上管孩子，还经常累得腰酸腿痛，但徐桂荣都咬牙坚持了下来。功夫不负有心人，在哥哥和她的努力下，庆典制作中心终于正式运营了。

起初，产品不是很好卖。她们就到酒店、商场去宣传推荐她们的产品，说明利用模型气球能给商场和酒店带来更大的广告效应等。就这样，模型气球产品逐步为商家所认可，特别是好多酒店对结婚庆典中用的模型产品非常青睐。

随着名声的传播，订货的单位也络绎不绝，经营生产状况越来越好，店里原来的人手已经远远满足不了供货的需求了。于是，徐桂荣决定扩大再生产和充实人员，招聘员工以下岗女工为主，先后安置了下岗就业人员40余人，帮助社会解决了部分下岗职工的就业问题。

自强自立、艰苦奋斗不但磨炼了徐桂荣的毅力，也增长了她的智慧。在实践中她认识到：在激烈的市场竞争中，光有实惠和真诚是不够的，要想把生意做大，形成品牌，就要有新的创意和实用新颖的造型。

于是，徐桂荣就同技术人员研究构思出造型小巧的拱门。因为造型美观、简单、实用，在广场、门前召开庆典仪式非常适合。后来，她又考虑到在结婚这样喜庆的典礼上，如果再放上一个红彤彤的大红喜字造型，那喜庆的气氛就显得更加浓厚了，并象征和祝福新婚夫妻今后的日子更加红红火火。

就这样，小型拱门和大红喜字模型气球产品研制成功了，这两种产品造型在全国也是首创，深受全国各地用户的欢迎。

徐桂荣在研制新产品上不断地创新，和技术人员日夜奋战，在多次失败的基础上又研制出了大象、玩偶、斑马等造型活泼、美观的产品，深受广大用户的欢迎。业务迅速地拓展，徐桂荣的自信心也增强了。

随着社会的发展，人们物质生活需求的日益增长，新的问题又显现出来，当时的产品已满足不了人们庆典的需求。为了适应市场需求，使自己的产品更加具有竞争力，徐桂荣不断地扩大经营项目，为在庆典行业扩大市场，他们增加了车队、装花、主持、录像、照相、婚庆一条龙服务和丧事一条龙服务，这样，就能够保证自己的理念顺应历史的潮流了。

以诚相待，质量求精，保证信誉，让顾客满意，这是徐才庆典在经营中始终坚持的原则。为了方便于客户，诚信于客户，宁肯自己受些损失，也要诚信经营，服务社会。徐才庆典制作中心被沈阳市总商会庆典行业商会评为信得过单位。

多年来，徐桂荣的徐才庆典不但在产品造型上下功夫，而且狠抓产品质量，注重实用性。为开拓市场，打开销路把产品推往全国各地，外地商家也纷纷来厂订货。为方便用户，徐才庆典制作中心已在辽中、开源、皇姑三个县区设立了制作分点，产品销路很好，利润连年增长。

当然，对于心地善良的徐桂荣来说，即便自己富裕了，也不忘下岗职工，不忘支持公益事业。她经常帮助下岗职工安置工作；在员工遇到困难需要帮助的时候，她总是有求必应；她还热心支持社区工作，免费为社区提供各种会议会场所需造型产品。

徐桂荣无论如何也想不到自己会有现在的这番成就，想不到自己会有一个初具规模的企业，想不到能帮助那么多的下岗职工，想不到自己的产品设计会销往全国各地。其实，这些都源自于她那坚韧顽强、自立自强的精神啊！

◎故事感悟

徐桂荣用自己的双手创造了属于自己的奇迹。在通往成功的道路上，自主自立是永远不可或缺的因素。只要我们坚持这样做了，就会得到精神上、物质上的收获。

◎文苑拾萃

自　信

顾　城

你说，再不把必然相信，再不察看指纹。

攥起小小的拳头，再不相信。

眯着眼睛，独自在落叶的路上穿过。

让那些悠闲的风，在身后吃惊。

你骄傲地走着，一切已经决定。

走着，好像身后，

跟着一个沮丧得不敢哭泣的孩子。

他叫命运。

刘郭锐自主创业

◎滴自己的汗，吃自己的饭，自己的事情自己干，靠人靠天靠祖上，不算是好汉！——陶行知

2004年的夏天，23岁的刘郭锐从西北师范大学教育系毕业。四年的本科学历，加上音乐教育这个美妙的专业，刘郭锐完全可以进入一个好的单位，在音乐教育上做一番事业，顺顺当当走出一段美丽的人生轨迹。但让所有人都出乎意料的是，刘郭锐并没有选择这个不错的机会。

走出大学校门后不久，刘郭锐便步入了婚姻的殿堂。随后，她便与丈夫相约各自创业。为此，刘郭锐也付出了自己最大的努力：那时，她回到了甘肃省宁县，参加了全县的大中专毕业生就业考试，从数百名考生中脱颖而出，被分配到了一所学校。当家人和朋友为她感到高兴的时候，刘郭锐却做出了一个令人不解的决定：放弃这个不错的机会，自己进行自主创业。

刘郭锐做出的这个决定也有自己的苦衷。她家在农村，家庭条件不太好，而且自己又是家中的老大。另一方面，远在山东的婆家生活状况也不好。两个家庭、四个老人，全都要依靠两个刚刚走入社会的年轻人来赡养，仅仅靠一份固定的公职挣来的工资，无论如何是支撑不起来的。而要解决这些现实的问题，要实现自己的理想，就一定要自谋出路，创出一片新天地。

当然，刘郭锐的这个决定也引起了家人的反对与失望，就连亲戚都来劝她不要胡折腾了。而对于刘郭锐自主创业的事，社会上也有些反响。有人认为，既然接受了高等教育，就应该遵循投入产出的原则，输出知识型、智力型生产力。

但是，刘郭锐放弃公职自己创业的决定丝毫没有改变。她早就下定了决

心，要靠自己的一双手，闯出自己的一片天地！

然而，接下来问题就接踵而来：既然放弃了公职，那么创业的门路在哪里？此时的刘郭锐也是一脸迷茫，找不到方向。她的心里也开始犯嘀咕了：自己学的是音乐教育专业，不离本行，能不能创业？这个问题连她自己也弄不清楚。

当时，刘郭锐的想法很单纯，她就是想先积累一些经验和资金，然后再走自主创业的道路。

在那一段时间里，刘郭锐可谓是饱尝辛酸。她尝试着做过家教，在一家私人办的专业培训班里当过舞蹈教师，在一所职业学校当过招聘教师，一个月有800元钱的收入。在花销之余，所剩无几。尤其是在女儿出生以后，还要靠在兰州的丈夫补贴母女才能正常生活，这让她的心里十分难受。

可是，刘郭锐有的是倔强和坚韧的性格，生活的艰辛并没有让她举手投降。刘郭锐认为，上了大学，接受了高等教育，并不等于就高人一等。大学生也是普通人，自主创业同样能实现自己的人生价值。

后来，刘郭锐开始转型，放弃了在专业上的创业行动，拿出了自己的全部积蓄，又向亲朋好友借了些钱，共筹集了三万块钱，买了一辆旧货车，尝试着做起了水产生意。由于资金不多，她只请了一位司机，购鱼、养护、发售从来都是一个人做。每天，天刚蒙蒙亮她就要去购鱼，上百斤重的鱼筐，她80多斤体重的身躯竟然一下子就能抬起来。

然而，做生意光靠力气和吃苦还是远远不够的。对市场浑然不知，对养鱼技术完全不懂，对经营更是毫无经验，这让刘郭锐的这次创业一路坎坷，举步维艰。

在卖鱼的起初阶段，一天有时候只能卖出去几斤鱼，但是剩下的鱼自己不会养护，到夜间全都翻了白肚皮。有一次，几百斤的鱼在运送的途中竟然全部死掉了，刘郭锐一下子就赔了4000多块钱。

面对这种残酷的现实与打击，刘郭锐竟然没有要放弃的意思。她凭着坚韧顽强、积极向上的精神，一步一步地坚持了下来。她一边抽时间学习各种养鱼知识，一边在市场上学习别人的经营方法。后来，刘郭锐的生意慢慢好了起来，死鱼的事件也逐渐减少了。生意好的时候，一天可以售出几百斤鱼，赚回五六百块钱。但是，情况不好的时候仍然居多。

磨炼自然是好事，可以让一个人的精神意志更加坚强，但对于刘郭锐瘦小的身躯来说，却越来越感到吃不消了。

这时候，在水产行业闯荡了一年多时间的刘郭锐毅然地选择了放弃，决定再寻找新的出路。这一次几进"闯江湖"的创业，最终是没挣没赔，但刘郭锐却有了其他大学生很难得到的收获：对市场有了认识，对社会有了认识，思想也更加成熟了，自主创业的信念也更坚定了。

这年春节，刘郭锐随着丈夫踏上了回山东枣庄婆家的列车。在枣庄的农村，她自费考察了三个乡镇20个村的60多家民营企业。这20个村中，平均每个村都有两家民营免烧机制空心砖厂。这种砖厂生产出来的空心环保建材砖在市场上是供不应求的。

为了掌握整套空心砖厂的生产管理技能，刘郭锐在一家空心砖厂打了五个月的工。上班时间，她悉心学习各项生产技术、流程、产品销售等方面的知识；在业余时间，她就买来相关的资料抓紧时间学习。刘郭锐的努力也深受老板的赏识，不久老板就把她从普工提升为管理人员。

通过这次打工的经历，刘郭锐不仅开阔了眼界，还学到了企业管理、市场营销方面的知识。不久以后，刘郭锐就产生了一个想法，既然能管理好别人的企业，为什么不能自己开个砖厂呢？

后来在考察市场时，刘郭锐发现，在陇东一带，免烧空心砖很是畅销，而生产企业却很少。这种砖属于中低档建材，是国家大力倡导的绿色环保建材产品，其工艺设备的要求也不是很高；再加上陇东农村土地租赁费、人工费比较低，所以，自信满满的刘郭锐决定回家乡办砖厂！

2008年2月，在婆家待了一年的刘郭锐再次回到娘家。这次，她毅然花了3.7万元购回了一个当地人见都没见过的铁机器——空心砖机。刘郭锐要在宁县建一个属于自己的厂子。而这个厂子在宁县来说，还是第一家。

这实在是令人们大跌眼镜的。再次跨行创业，而且还拉回了这么大的一台机器，有人说她"又要胡折腾了"。家里面对她似乎已经很绝望了。父亲无奈丢给她一句话——"不碰南墙不回头，我不反对也不支持，你自己造化去吧。"

但是，即使是这样，刘郭锐还是信心满怀，从来没有打算要放弃过，也从来没有想过要回头，她的心里只有一个信念——自主创业！

可是，仅凭一腔热情和一台机器是远远不够的，问题又来了：运转的资金在哪里？厂地在哪里？原材料在哪里？专业工人在哪里？市场在哪里？……

这一连串的问题一下变为现实的时候，刘郭锐终于明白：光靠敢拼敢闯的精神是远远不够的！为此，她也偷偷地哭过无数次，但是很快，她就又重新振作起来：事都是干出来的，没文化的人都能干大事业，我一个大学生为什么不能？

担忧归担忧，忙还是要帮的。亲戚朋友纷纷为刘郭锐凑钱搭底子，支持她办厂，可大家还是为她捏了把汗。2008年5月，在宁县新宁镇的一块闲置河滩地上，刘郭锐租了四亩地、投资10多万元建成的空心免烧机制砖厂终于投产了。

经历了那么多次的失败与成功，一切都转化为经验，充盈着刘郭锐的大脑。所以，这次重新创业刘郭锐多少是有些思想上和技术上的准备的。但是，刘郭锐面临的困难仍然让她始料不及。购买每一种材料——大到电机、模板、水泥、石子，小到几米电线、开关全都由她自己找着去买。每天生产运行，她既要自己操作机器，自己搅拌混料，还要自己抬放新出的砖块，还要给工人们做饭。产品生产出来了，销路同样是个大问题，又得她自己到处上门推销磨嘴皮子。尽管不可知的困难一个接着一个，但每出现一个问题，刘郭锐都会千方百计地解决一个问题，厂子终于还是运转起来了。

厂子运转了半年之后，销路也一点点地打开了，可是生产能力低下，满足不了施工单位用量的需求，厂子效益就上不去。这时，工厂扩大生产又成了当务之急。

可是，手里的全部资金都花在了原材料、工人工资上，重新购置一台大型机器至少需要30万元左右，钱在哪里呢？

刘郭锐又四处奔走借钱。兰州的外公外婆听到了她的事后，一下子就借给她25万元，刘郭锐终于在年初购置回了一套大型砖机。

为了省去厂家来宁县的调试、培训费用3000多块钱，刘郭锐自己在山东的厂子里学会了机器的操作技能，回来后仍然自己操作，并教会工人操作。2009年4月份，机器终于调试好了，刘郭锐的厂子重新进入了新的生产阶段。

当然，刘郭锐的生活还是很拮据的。在最困难的时候，她拿了35块钱到西峰对产品进行质检，结果连回家的路费都没有了，向人借10块钱、50块钱的事经常有。到县上购买材料时，她也经常不敢打出租车，而是自己用手提、用自行车驮，为的就是节省一点资金。

有一次，刘郭锐在骑自行车购买黄油时不小心染了一腿。正尴尬间，她碰见了自己的同学，结果她上前就是一顿大哭。

2009年春季的一天，刘郭锐在购买液压油回厂子的途中，被一辆桑塔纳车挤下了路边的臭水沟，腿上的伤疤好久都没有痊愈。

但刘郭锐觉得，创业最困难的时期已经过去了，困难肯定还会一个接着一个，但只要放弃空想，一步一步地踏实前行，勇敢面对，就没有过不去的坎。

尽管刘郭锐的亲戚和朋友们都不是很赞同她的这种"不可理解"的行为，但他们却看清楚了，刘郭锐确实是一个人在坚强地创业，而且凭着自己的双手走到了今天这种不错的境地，所以他们也都尽可能地帮助她；尽管好多领导、施工单位都没有见过她，但只要听到她的拼搏奋斗的经历后，也都为这个坚强的"弱女子"所感动，并尽可能地帮助她。刘郭锐终于得到了社会的认可！

◎故事感悟

刘郭锐这位"弱不禁风"的女大学生自主创业的事迹，确实让我们敬佩！这启迪我们：创业需要勇气，更需要自立与坚持，趁着年轻，好好创业，一定会撑起自己的一方天地。

◎文苑拾萃

自主创业经典语录

（1）你工作一年和你工作10年面临到的问题，接触到的各种困难，都不见得有你创业一年得到的历练多。青年人最重要的是尽早提升自己的综合素质和应对问题的能力，所以创业是最好的大熔炉。

（2）不管男生女生都应展示你们的才华，在新世纪的舞台上，创业一把，挥洒我们的青春。最终的结果，赢得了自己事业的发展，也为国家的发展作出了自己应作的贡献。我想这是值得倡导的。

（3）创业最重要的不是资金，而是智慧。有了智慧，空气中到处都是金币。

（4）创业路上需要激情、执著和谦虚，激情和执著是油门，谦虚是刹车，一个都不能缺少。

（5）很多时候创业者因为自己搞不清楚而不去创业，实际上等你搞清楚以后就更不会去创业了。书读的不多没有关系，就怕不在社会上读书。

（6）诚信不是一种销售，不是一种高深空洞的理念，是实实在在的言出必行和点点滴滴的细节。诚信不能拿来销售，不能拿来做概念。

自主创业的两个大学生

◎为了成功地生活，少年人必须学习自立，铲除埋伏各处的障碍，在家庭要教养他，使他具有为人所认可的独立人格。——格言

在贵州省贞丰县者相镇上坡敖村，有一个由两名大学生自主创业而创办的志和特种养殖基地。创办这个特种养殖基地的人是两名名叫姜鹏和胡荣峰的小伙子。

2007年的夏天，姜鹏大学毕业后，在贵州省贞丰县城的一家医院从事护士工作，一直到2008年。2008年的时候，胡荣峰还是武汉华中农业大学大三的学生。

姜鹏和胡荣峰从小就是很要好的伙伴，而两人共同的爱好就是养殖。因此2008年7月，胡荣峰放弃了自己的大学学业，回到家乡；姜鹏也辞掉了自己的护士工作。两个年轻人到广东考察一番市场后，决定说干就干。

但是创业是需要资金的，总不能空手创业吧。于是，两个年轻人便奔走在亲戚朋友之间，多方借钱，修建厂房，投资了四万多元购买了第一批竹鼠110只，从此开始走出了创业的第一步。

然而，激情和理想并不等于现实。由于没有掌握养殖技术，到2009年2月初，刚刚购买才半年多时间的竹鼠就突然出现病情，先后死亡了近100只，损失了三万多元。创业才刚刚起步，基地就面临了重创。

面对第一次创业的失败，两个年轻人也曾动摇过。因为养殖基地基本上是全军覆没了，两个人心情郁闷极了，因为一下子就亏了三四万块钱，当时三四万块钱对他们来说可是一笔很大的数目，很多朋友也都建议他们不要再做了，该上班的上班，该读书的读书。

可是经过一番思考后，两个人还是决定继续干下去，既然走了这条路，哪里跌倒就从哪里爬起来！只要有坚强的、自立的心在，就没有什么困难是克服不了的。

于是，姜鹏和胡荣峰再次从亲朋好友处借钱，购买了第二批竹鼠40多只。这一次，通过到外地参观考察养殖技术，建立自己的特种养殖基地网站，收集各种养殖资料，刻苦学习养殖技术，并在实践中认真做好记录，细致钻研，总结经验，两个人终于掌握了养殖的技术，并对市场做了充分调研。

付出总会有回报。通过艰难而又曲折的创业，到2010年，志和特种养殖基地共投入资金10多万元，第二次购买的中华竹鼠、银星竹鼠种鼠，从最初的40多只发展到了400多只。

同时，两人还在白层镇建立了野鸡养殖基地，存栏七彩山鸡14000多只。而基地养殖的竹鼠和山鸡等，主要销往四川、广西、广东等地。竹鼠的市场价在每斤90元、野鸡每只80元，市场前景一片大好。

除此之外，两人还采取"基地＋农户＋公司"的经营模式，通过发放种鼠给农户饲养，为农户提供养殖技术指导。农户饲养的，基地负责回收卖给公司，建立完整的循环发展链条。基地周边地区的群众见到效益以后，也都积极前来参观考察，签订合同购买种鼠，发展珍禽养殖。

"要创业就必须要坚定信心，走绿色养殖、生态养殖、观光养殖的发展方向，把农户也加进来。基地加农户的养殖模式会使我们的养殖基地做得更大，效益会更好。"胡荣峰说。

"创一番事业，有这个想法的人很多，但实际去做的人很少，况且去做的人不一定成功，我们能做到现在，贵在坚持不懈。"姜鹏说。

就这样，两个大学生，凭着自立自强、顽强拼搏的精神，朝着自己的梦想不断地前进着……

◎故事感悟

怀着同一个梦想，这两位大学生放弃城市生活扎根农村，携手创建特种养殖基地，凭借着创业的一腔激情和大胆闯劲，通过两年的艰辛努力，养殖珍禽让他们奔向了致富路，创业之路越走越宽阔。这种自立自强的精神，时时刻刻明示着我们勇往直前、开拓进取！

◎文苑拾萃

昨日谣

（明）文嘉

昨日会昨日，昨日何其好！

昨日过去了，今日徒懊恼。

世人但知悔昨日，不觉今日又过了。

水去日日流，花落日日少。

成事立业在今日，莫待明朝悔今朝。

第四篇

立身者，必须持正

柳下惠持正立身

◎尔好古知方，强于自立，刺察之任，往其钦
哉！——曾巩

> 柳下惠（公元前720—前621）展氏，名获，字禽，春秋时期鲁国人，是鲁孝公的
> 儿子公子展的后裔。"柳下"是他的食邑，"惠"则是他的谥号，所以后人称他"柳下
> 惠"。据说他又字"季"，所以有时也称"柳下季"。他做过鲁国大夫，后来隐遁，成
> 为"逸民"。柳下惠被认为是遵守中国传统道德的典范，他"坐怀不乱"的故事在中
> 国历代广为传颂。柳下惠还是中国柳姓的得姓始祖。

柳下惠曾在鲁国担任士师，士师是掌管刑狱诉讼的官。柳下惠为人持正不阿，不会逢迎，因而得罪了权贵，竟接连三次被罢官。

由于柳下惠道德高尚，学问渊博，名满天下，各国的诸侯听说后，都争着以高官厚禄礼聘他，但都被他一一谢绝了。有人问他这是为什么，他回答说："如果持正不阿，到哪儿还不得让人罢了三次官；如果逢迎苟合，又何必离开父母之邦呢？"

这样一来，柳下惠的名气更大了。

有一年，齐国的国君派人向鲁国国君索要鲁国的传世之宝——岑鼎。鲁庄公舍不得，却又怕得罪强大的齐国，便打算用一只假鼎冒充。但齐国的使者说："我们不相信你们，只相信以持正不阿闻名天下的柳下惠。如果他说这只鼎是真的，我们才放心。"

鲁庄公听了，只好派人去求柳下惠帮忙。柳下惠说："信誉是我一生唯一的珍宝，如果我说假话，那就是自毁珍宝，这样的事我怎么能干呢？"

鲁庄公无可奈何，只得将真鼎送往齐国。

柳下惠退居后，招收弟子，传授文化、礼仪，深受乡人的爱戴。

柳下惠死后，葬在汶水之阳。他的坟墓历来受到人们的保护。秦始皇在攻打齐国时，秦军路过柳下惠墓地时，秦始皇就下令说："有去柳下惠墓地采樵者，杀无赦。"

孟子也非常推崇柳下惠，把柳下惠和伯夷、伊尹、孔子并称为四大圣人。他认为，柳下惠不因为君主的不圣明而感到羞耻，不因官职的卑微而辞官不做。身居高位时，不忘推举贤能的人；被遗忘在民间时，也没有怨气。贫穷困顿时不忧愁，与乡下百姓相处也会觉得很愉快；和任何人相处都能保持不受不良影响。

听了柳下惠为人处世的态度后，许多原来心胸狭隘的人也变得宽容大度起来，原来刻薄的人也会变得老实厚道。因此，孟子认为，像柳下惠这样刚正不阿的圣人，是可以成为百世之师的。

◎故事感悟

正因为柳下惠的这种持正不阿，所以赢得了赞誉。持正者，能持正立身。我们也要以柳下惠为榜样，以"立身持正"的态度去对待我们的生活和工作。

◎史海撷英

展喜对齐孝公

柳下惠有一个弟弟名叫展喜，在鲁国为大夫。齐孝公领兵讨伐鲁国，鲁僖公就派展喜去慰劳士兵，以便迎战。

柳下惠得知后，便向展喜授以方略，让他到齐营去见齐孝公。

展喜到了齐营后，齐孝公问："我齐国大军压境，你们害怕了吧？"

展喜笑着说："小人才会害怕呢，君子是不会害怕的！"

齐孝公不解地问为什么，展喜回答说："凭先王之命。当初鲁之始封国君周公和齐的始封国君太公曾共同辅佐周成王。成王曾赐以盟书，说齐鲁两国今后要世代修睦敦好，不可以互相残杀。现在盟约尚藏在内府，载于史书，每当新君即位都要郑重地宣誓永志不忘。你才即位几天，怎么能把这事抛在了脑后？"

齐孝公无言可对，自知理亏，只好撤兵。

◎文苑拾萃

坐怀不乱的典故

有一年的夏天，柳下惠外出访友，途中遭遇大雨，便直奔郊外的古庙暂避。

但是一踏进庙门，柳下惠就看到一位裸体的女子正在里面拧衣服。柳下惠急忙退出，立于古槐之下，任暴雨浇注。庙内的女子发觉后，便躲在门后，忙着湿衣。

此事传为佳话，故有"柳下惠坐怀（槐）不乱"之美名。

高士咏·柳下惠

（唐）吴筠

展禽抱纯粹，灭迹和光尘。
高情贵轩冕，降志救世人。
百行既无点，三黜道弥真。
信谓德超古，岂唯言中伦。

鲁肃立身须守诺

◎立身须守诺。——格言

鲁肃（172—217），字子敬，临淮东城（今安徽定远）人，中国东汉末年东吴的著名军事统帅。鲁肃曾为孙权提出鼎足江东的战略规划，因此得到孙权的赏识，周瑜死后代替周瑜领兵，守陆口。此后鲁肃为索取荆州而邀荆州守将关羽相见，然而却无功而返。建安二十二年（217年），鲁肃去世，年仅46岁，孙权亲自为鲁肃发丧，诸葛亮也为其发丧。

三国时期，蜀国的刘备和吴国的孙权联合起来攻打魏国的曹操。为此，蜀国的军师诸葛亮和东吴的都督周瑜经常在一起商量军情。

可是，周瑜心地狭窄，不能容忍诸葛亮比自己智慧、高明，认为诸葛亮日后一定是东吴的大祸害，因此就想设计除掉诸葛亮。

有一天，周瑜请诸葛亮前来议事。他请诸葛亮在十天之内造出十万枝箭，诸葛亮说只需三日。

诸葛亮神机妙算，算出三日后必有大雾，不但用"草船借箭"的方法从曹操那里得了箭，还估计出一共得箭多少枝。

在"借箭"这天，诸葛亮和鲁肃一起坐在船舱中。诸葛亮轻摇羽扇，潇洒地对鲁肃说："你有所不知啊，我方才静听舱外箭雨之声，心中默数，算来此次曹贼所赠之箭应有125111枝！"

鲁肃听后，惊得得张口结舌，心中暗想："这人莫非神仙下凡？"

不一会儿，小卒进来禀报，共得箭125100枝。

鲁肃顿时大惊失色，诸葛亮虽多算出了11枝箭，可是预算能够精确到百位，这也是凡人不能企及的。鲁肃正要恭维一番，却见诸葛亮面色凝重，便不敢出声，想来他是为误差11枝箭而懊恼。

诸葛亮严肃地对小卒说："你们仔细清点了吗？"

在小卒眼里，诸葛亮就是神仙。见他脸色难看，吓得慌忙跪下："回禀先生，确实细细清点了，不敢有分毫差错。"

鲁肃严厉地对小卒喝道："再去重新清点，检查一下船舱等处有没有查漏之箭。有错漏者军法从事！"

小卒应声下去了。

鲁肃诚恳地对诸葛亮说："12万多枝箭，先生只漏数了11枝，我已经很佩服。偶有一两枝没有戳稳的箭落入水中也是难免的，先生何必这么严格地要求自己呢？"

小卒再次来禀报，经过核实，仍旧只有125100枝箭。

诸葛亮看着小卒的背影，长叹一声，坐倒在舱板上，神色很难看，好久没有说话。

快到东吴水寨时，诸葛亮像突然想起了什么似的，对着鲁肃深深地鞠了一个大躬。

鲁肃连忙起身还礼，问："先生为什么对我行这么大的礼啊？"

诸葛亮说："我有一事相求，刚才听声数箭一事，请先生代为保密，不要外传，我感激不尽。"

鲁肃说："先生真是个诚实的人啊！仅数差11枝箭，在一般人看来已经是神仙一样高明了，您却为这件事感到惭愧，鲁肃佩服先生的为人，替先生保密就是。"

鲁肃果然是个诚信的君子，听声数箭的事从未对任何人讲过。因此，历史上也只有"草船借箭"的故事，而没有"听声数箭"的记录。

◎故事感悟

　　鲁肃被称为正人君子，是因为他的厚道和诚信。通过这个故事，我们该明白，诚信乃立身之本，这是自古以来做人的基本准则。一个人不讲诚信就无法在社会立足；一个企业不讲诚信，就没有市场，就无法生存。

◎史海撷英

鲁肃与周瑜的至交

　　周瑜在辅佐孙权之前曾任居巢长。他在听闻鲁肃之名后，就带着数百人来拜访鲁肃，并请鲁肃资助他一些粮食。

　　当时，鲁肃的家里有两个圆形大粮仓，每仓装有三千斛米。周瑜当刚说出自己的借粮之意，鲁肃便毫不犹豫，立即手指其中一仓，赠给了周瑜。

　　经此一事，周瑜确信鲁肃是与众不同的人物，主动与他相交，两人建立了牢不可破的朋友关系。

◎文苑拾萃

吴·鲁肃

（东汉）孙元晏

　　斫案兴言断众疑，鼎分从此定雄雌。
　　若无子敬心相似，争得乌林破魏师。

颜延之刚正立身

◎正气足方能立身稳。——格言

> 颜延之（384—456），字延年，南朝宋文学家，祖籍琅玡临沂（今山东临沂）。颜延之少孤贫，好读书，无所不览。南朝刘宋时，他曾官至中书侍郎，授金紫光禄大夫。颜延之嗜酒放达，善诗文，文章之美冠绝当时，与谢灵运齐名，同为南朝著名诗人。

颜延之是南朝宋时期的著名诗人，他也是一个刚正不阿、敢于直言的人。

南朝刘宋少帝景平二年（424），颜延之因触怒权贵受到了排挤，被贬黜为始安（今桂林）太守。在任职期间，他提倡恳荒，减免赋税，贷粮贷种，为桂林的社会发展作出了积极的贡献。

颜延之少年孤贫，从小就喜爱读书。他的诗文优美自然，冠绝当时。其诗文与谢灵运齐名，后人将其并称为"颜谢"。颜延之的诗歌还善于数典用史，精深富博。即使做了始安太守后，颜延之仍然手不释卷，经常读书写作。

桂林是个景色秀丽的地方，也是个读书的好地方。这里洞奇石美，景致奇丽。独秀峰的东南麓有一个岩洞，像一座石室。令人称奇的是，这里的石窗、石桌、石凳都是巧夺天工，自然天成。

石洞的环境十分清幽，颜延之发现后，便披荆斩棘，开辟小道，经过精心修缮，把它辟为一处休憩之所。在公余之暇，颜延之经常来岩洞内读书作文。这就是现在独秀峰著名的景点，古今人们称之为"颜公读书岩"。

颜延之性情豪爽，放荡不羁，不趋炎附势，敢于直言。他对当时掌握朝政的刘湛、殷景仁的独断专行非常不满，因此逢人便斥责他们的恶行："天下大事，应与大家共同商量，怎么能个人独断专行，太不像话！"

有一次，颜延之甚至指着刘湛的鼻子说："我之所以得不到提升，名声不好，就是因为在你的部下当了差！"

刘湛听过颜延之平常的言论，现在又当面羞辱自己，非常恼火，于是便将他贬为永嘉太守。

后来，刘湛又见到他在永嘉写的《五君咏》，含沙射影，"辞旨不逊"，就将他削职还乡，"不预人间者七载！"所以，历史上都称颜延之是一个"好酒疏诞"、"每犯权要"、"不能斟酌当世"的人。

◎故事感悟

这个故事告诫人们，只有做人真诚、直爽，才会得到别人的尊重；虚伪、阴险的小人终将会遭到别人唾弃。刚正、真诚，是做人立身不可缺少的良好品德。

◎史海撷英

刘裕建立南朝宋国

东晋元兴三年（404年）二月初一，刘裕在家乡京口起兵讨伐篡晋的楚帝桓玄。

405年，刘裕击败桓玄，晋安帝司马德宗复位，任刘裕为侍中、车骑将军、中外诸军事、徐青二州刺史、兖州刺史、录尚书事，从此，刘裕完全掌控了东晋的朝政，权倾天下。

刘裕执政晋室后，于东晋义熙五年（409年）率军灭掉了广固（今山东省益都县）的南燕政权，随后又回师击败卢循。义熙八年（412年），又西攻盘据四川的谯纵，收服巴蜀。义熙十一年（415年），后秦姚兴病逝，姚泓继位，兄弟相残，关中大乱。义熙十三年（417年），刘裕攻克长安，灭掉后秦，随后被封为宋王，受九锡。

元熙二年（420年），刘裕迫使司马德文禅让，自己即皇帝位，国号为宋，改元永初。至此东晋灭亡，中国开始进入南北朝时期。

刘宋初期，由于刘裕在晋朝末期收复北方的青、兖、司三州，大致拥有黄河以南的广大地区，成为东晋南朝时期疆域最大的一个王朝。

◎文苑拾萃

和谢灵运诗

（南朝宋）颜延之

弱植慕端操，窘步惧先迷。

寡立非择方，刻意藉穷栖。

伊昔遘多幸，秉笔侍两闱。

虽惭丹腹施，未谓玄素睽。

徒遭良时诐，王道奄昏霾。

入神幽明绝，朋好云雨乖。

吊屈汀洲浦，谒帝苍山蹊。

倚岩听绪风，攀林结留荑。

跂予间衡峤，晷月瞻秦稽。

皇圣昭天德，丰泽振沈泥。

惜无雀雉化，休用充海淮。

去国还故里，幽门树蓬藜。

采茨葺昔宇，剪棘开旧畦。

物谢时既晏，年往志不偕。

亲仁敷情昵，兴玩究辞凄。

芬馥歇兰若，清越夺琳圭。

尽言非报章，聊用布所怀。

彭汝砺立身当直言

◎刚正直言，立身方正。——格言

> 彭汝砺（1042—1096），饶州鄱阳（今江西鄱阳）人，字器资，鄱阳历史上唯一的文状元。北宋英宗治平二年，彭汝砺二十三岁时中状元，著有《易义》、《诗义》、《鄱阳集》。去世后被安葬在湖北省阳新县木港镇，其后代广泛分布于湖北阳新、大冶、黄石、鄂州、武汉等地。

彭汝砺一生为官，几经升谪，最高官职曾任过吏部尚书。

彭汝砺开始任职时是监察御史，主管对官员进行监督检查。就职以后，他秉着年轻刚烈的个性，以难得的胆识向朝廷上呈奏书，陈述了十件关于政治、经济、人事、农事等大事，他慷慨陈词，多为大臣们所不敢谈及的。

后来，由于揭发当时主管新政集市贸易的大臣吕嘉问借机贪污受贿、买官卖爵的事，得罪了权贵，两次被夺去官职。又因为前宰相蔡确被诬陷之事，彭汝砺秉公执言，为其辨析，再次获罪遭贬。而这次彭汝砺被贬黜，蔡确却是贬谪他的主要主持人。但他不计私嫌、坚持义理的态度，深为朝野人士所敬慕。

尽管在官途中多次受到挫折，但彭汝砺却毫不气馁，依然凡事"明知山有虎，偏向虎山行"。他对当时朝廷内外官场上下的侈靡腐败现象痛心疾首，认为非彻底揭发不可，结果竟然冒着生命危险，向皇帝上奏了《正身回俗疏》。

众所周知，在封建社会，得罪了皇帝可是一件相当危险的事，其结果，轻则丢官降职，重则有杀头之罪，弄不好还要株连家族。

　　然而，彭汝砺却全然不顾，毅然决然上疏。他在疏中写道："臣自京师观之，淫丽之文胜，纯厚之朴衰，漫诞之风长，正信之俗微，非所以示远方也。自宫邸观之，公侯放于骄淫而不禁，妇妾习于侈靡而不严，非所以示国人也。自官府观之，相尚以取誉，相引以趋势，相倾以就利；为上者残其下，为贰者持其长，非所以法万民也。"

　　这种对封建社会奢靡腐败风气的揭露，可谓一针见血！彭汝砺从"京师"、"宫邸"、"官府"等方面分别指出了当时朝廷内外、官府上下存在的问题是因为没有"纯朴"、"正信"之风，有的是"漫诞"、"骄淫"、"侈靡"的歪风和"相尚"、"相引"、"相倾"、"上残下"、"下持上"的邪气。这简直就是历代封建王朝的真实写照。

　　在揭露了这些现象之后，彭汝砺又找出了产生这些现象的根源，毫不客气地指出："陛下欲为汉唐，则固轶于汉唐矣！欲至三代而于此未正焉，臣以为未也。"

　　也就是说，出现上述问题的根本原因，是由于皇帝说好话而不做实事，嘴里满口的汉唐、三代（尧、舜、禹），然而根本不付诸实际行动。

　　这还不够，彭汝砺在指出根本原因之后，干脆又借古人之名，以"修身以正天下"、"笃信无思犯礼"为准则向皇帝发出了质问："以古准今，何其寥寥哉？"

　　彭汝砺几乎是指着皇帝鼻子说："陛下试反思之：其躬行击笃欤？其昔者奢侈之弊，因循而未革欤？亦教之未至而制之不严欤？所求于士者，止以语言而不以德欤？所取于臣，急于利欤？不然，何风俗之难回也？！"

　　彭汝砺的言论真可谓"事从根上起，莲从藕上生"！原来千头万绪，其根源都出自皇帝，是因为皇帝只说不做，因循故我，既不教又不管，说漂亮话不做好事，以及急功近利等所造成的。

　　彭汝砺的一生虽然只活到54岁，但他的影响在当世和后代都是比较深远的。他的好友、古文八大家之一的曾巩，在为他写的祭文中说他"居今行古，蹈义依仁，众人所趋，而视若无有，举世皆背，而任肩以身，陷阱当前而不避，曾何得丧之足云？此固圣贤之自任岂止度越于时人？"

这样的评述是公允的。曾巩给他总的评价是"内外全德，始终一贯，实激流之砥柱，宜大厦之梗干"，这个结论也是恰如其分的。

◎故事感悟

能够毫无顾忌且义正词严地质问皇帝，这种胆识不仅在封建社会罕见，就是在当今社会恐怕也不可多得。如果没有"舍得一身剐，敢把皇帝拉下马"的胆识，是不可能做到的。

◎文苑拾萃

拟田园乐

（北宋）彭汝砺

买田何须近郭，作屋却要依山。

青松共我始终，百鸟随人往返。

城上

（北宋）彭汝砺

孤城纵目尽来东，山转溪回翠旦重。

云际静浮滨汉水，林端清送上方钟。

今时汉北无雏凤，当日襄南有卧龙。

万事兴废无足问，登临君乐正从容。

正直立身的冯京

◎高一步立身，退一步处世。——琼琼

> 冯京（1021—1094），字当世，北宋大臣，宋代宜山龙水（今广西宜州市）人，还有两种说法是藤州镡津（今广西藤县）凤乡人或鄂州江夏（今湖北咸宁）人。宋仁宗皇佑元年（1049年）己丑科状元，宋朝最后一位三元及第的状元。

冯京的父亲冯式壮年时原本无子，夫人便劝他纳妾。于是，冯式在路过京城时买了一妾，给了钱之后，问该女从何处来，该女子哭泣着不肯说，冯式再三追问，女子才说出原委。

原来，女子的父亲本为官员，后来因为给朝廷的纲运出现了欠折，不得已才卖她赔偿欠折的。冯式听了，觉得这个女子十分可怜，立刻将该女归还其父，并且付出的银两也赠送给其父。

回家后，冯夫人问丈夫，怎么不买妾回来。冯式便把经过告诉了夫人。冯夫人听了说：你有如此善心，不必担心没有儿子。

果然数月后，冯夫人怀孕，而且将产婴的那天傍晚，乡里邻居都突然见到一群鼓乐队敲锣打鼓，护送着一人到了冯家。当天傍晚，婴儿便诞生，取名为冯京。

冯京自幼便颖悟非凡，才华出众。幼年时期，曾在广西藤城城西读书，长大后便随父亲游湖湘，在鄂州应举，连中三元，也就是乡试、会试、殿试

皆第一，因此被后人称为"三魁天下元"。

关于冯京殿试中状元还有一段故事。

冯京乡试第一，会试第一，再加上他一表人才，因此到了开考时，京城都轰传说，此科状元必定为冯京无疑。

这边一传，那边就惊动了国戚张尧佐。张尧佐是宫中张贵妃的伯父，但张贵妃自幼丧父，因此张尧佐也就成了实际上的国丈，所以在皇帝面前很得宠。虽然他人品较差，能力平庸，但却能不停地升官。

张尧佐便看中了冯京，想硬招冯京为婿，同时在朝廷上扩大自己的势力。因此，他让人把冯京请到家，一见面就把一条金带披在冯京的身上，对冯京说：我一个侄女嫁给了皇上，我自己还有一个女儿，正待字闺中，想许配给你，怎么样？还说这是皇上的意思。

果然不一会儿，宫中就有人持酒肴来，直至拿出大量嫁妆给冯京看。

然而，冯京却并不愿意依附权贵，更不愿意卷入政治斗争中，所以他便不畏权势，不被财、色所迷，坚决回绝了这门亲事。

这件事传开后，冯京被世人誉为志操高洁、不惧权贵的君子。

然而，张尧佐却因为冯京的回绝恨死了冯京，开始派心腹四处活动有关考官，在殿试时要将冯京黜落。

冯京似乎也有所预感，于是他灵机一动，在考试时将自己的名字前面两点移到后一个字，冯京成了"马凉"。马凉的文章写得实在漂亮，考官们都荐为第一。就在张尧佐以为冯京落榜时，结果却发现冯京依旧高中。

张尧佐大怒，责备手下，这些人只好对张尧佐解释："错把冯京当马凉。"

此话后来成了一个典故，比喻把两个相似的东西混淆了、弄错了，或者是有眼不识真相。

冯京高中三元之后，升为翰林学士，掌管开封府。在他掌管开封府时，数月不往韩琦丞相府拜访，韩琦便错认为冯京高傲。冯京对韩琦表白说：您是宰相，下官从来不愿阿谀奉承。我不上门拜访，这也是为了您的声誉着想，而不是因为我高傲。

在宋神宗在位期间，冯京开始参知政事，与宰相轮班知印，同升政事堂，掌握了国家军权。但由于屡次与王安石争议新法，被外放出任安徽亳州、成都府等地官员，后来又被复召入朝。

冯京在各地为地方行政官时，凡各县公事至，即行处理，从无壅滞，而且政绩不俗。

例如，冯京在成都期间，西蕃首领何丹发兵攻打鸡粽关，朝廷便派冯京率兵征讨。何丹得知消息后，为冯京的声威震慑而罢战请降。

于是，冯京的部下便有人主张乘机荡平西蕃的巢穴，而冯京却从长远战略考虑，安抚西蕃，接受了何丹的投降。何丹对冯京感激涕零，歃血盟誓，愿意世代做宋朝的臣民。

冯京年老时，为中太一宫使，兼待讲，改宣征南院使，拜太子少师，一直到逝世。

冯京逝世后，北宋哲宗亲自到府第致祭，并追赠为司徒，谥"文简"，墓葬于今河南嵩山麓密县城东25公里处的五虎庙村旁。

冯京一生因为人正直、志高廉洁、聪明机智而受到历代人民的爱戴，至今，在他的家乡还有"冯京山"、"三元亭"、"三元坊"等地名。每逢春秋两季，很多冯姓的百姓还要前往祭拜冯京。

◎故事感悟

从冯京拒绝与张尧佐结亲一事，也可看出冯京颇肖其父，都是不贪财色之人，冯京一生能有如此大的作为，应该与这一点也是分不开的。

◎史海撷英

千人朝拜

冯京三元及第、名闻天下后，对生养自己的故乡龙江、宜州一直都很有感情，非常有感情。

有一次，官廷举行宴会，宋仁宗便问起冯京家乡的情况。

冯京自豪地回答说："我的家乡头戴平天冠（天门拜相山），脚踏万年河（龙江）左手攀龙角（龙角山），右手搬骆驼（骆驼山），前院九龙来戏水（九龙山），后院龙尾通天河（天河县即今罗城县），日间千人朝拜（千人到宜山庙上香），夜里万盏明灯（从破漏茅屋顶看见万颗星星）。"

皇帝听得兴致勃勃，哈哈大笑说："好家乡！宜山真是地灵人杰的好地方啊！"

◎文苑拾萃

冯京山

冯京山位于广西省藤县县城内，系冯京之父冯式的墓地。旁边建有三元亭，是冯氏的后裔为纪念冯京于1947年而建立的。

"三元亭"的匾额是由原国民党广西省主席黄旭初题，冯璜题写亭记。后来，李宗仁写了"梓乡亦有三元，世泽榕门同景仰；云树犹留抔土，家声华彩有光辉"的字匾；白崇禧写了"云路扶摇，玉笋班行列第一，天衢声价，彤墀爵秩历朝三"的对联。

广西省宜州还建有冯京公园，以寄托宜州人对冯京的怀念。

陪谒冯京山

佚 名

相爷冠盖感红亭，岁月沧桑千古情。

及第三元能有几，风骚五子定除零。

攻书绣水传儒迹，挂榜藤州留汴京。

添韵山川灵气毓，客来岂敢夺头名。

李贽宁死不丧人格

◎能自立者必有骨也。——李贽《焚书·荀卿李斯误吴公》

李贽（1527—1602），初姓林，名载贽，后改姓李，名贽，字宏甫，号卓吾，又号温陵居士。李贽一生曾用过的名号众多，还有笃吾、百泉居士、宏父、思斋、龙湖叟、秃翁等。李贽是泰州学派的一代宗师。泰州学派的创始人是中国明代学者王艮，属阳明学派的分支，被称为"左派王学"。李贽自幼倔强，善于独立思考，不受程朱理学传统观念束缚，具有强烈的反传统理念。他在社会价值导向方面，批判重农抑商，扬商贾功绩，倡导功利价值，符合明中后期资本主义萌芽的发展要求。

李贽是明末清初杰出的思想家。他为了维护正义，为了维护自己的主张和人格，最后以死抗争，成为名流青史的一代人杰。

李贽曾为官20多年，耳闻目睹了许多统治者内部的丑闻，对鱼肉百姓的官吏十分痛恨，因此也常与他们发生冲突。终于，他在75岁时受统治者迫害而死。

原来，李贽写了《焚书》、《藏书》两部著作，书中所说的话颇能击中当时道学家的要害，并用反封建的独到见解评论了秦始皇、武则天等许多历史人物，抨击了封建统治者的虚伪面目，引起了统治阶级的仇视。

有一天，有个叫蔡毅中的小人与大官僚张问达勾结在一起，向明神宗皇帝上奏章，诬蔑李贽是异端人物，要求将他逮捕法办。

皇帝听信了谗言，下令逮捕了李贽。

在狱中，面对狱卒，李贽十分从容地大声说道："你们逮捕了我的肉体，你们能逮捕我的思想吗？我是一个70多岁的老人，我身上没有半分钱，我身旁没有半个亲随，我的心中没有一丝邪念，我终生没有做过坏事，我堂堂正正，光明磊落！从我的身体到我的影子，都是干干净净的。"

老人的话还没有说完，狱卒的皮鞭就像雨点般落在他身上。

又到了一次审讯时，李贽被带到审讯大堂上。这里，五刑俱备，杀气腾腾，两旁站满了打手，大堂上坐着趾高气扬的大金吾。

大金吾看了看李贽，尖声尖气地问道："李贽，你为什么不跪？"

李贽侧身躺在台阶上，坚决不跪。他挺着脖子，抬起头眯起眼睛扫了大金吾一眼，不慌不忙地说："我是不会求饶的！我头可断，身不可辱！我这个人，心上无邪，身上无非，形上无垢，影上无尘，堂堂正正，光明磊落。"

大金吾嘿嘿一笑，又问："既然光明磊落，为什么写那些乱七八糟的书？"

李贽厉声回答："什么乱七八糟？乱七八糟的不是我！我写的书很多，我的书对社会只有好处，没有坏处。鄙儒无识，俗儒无实，迂儒未死而臭，名儒死节殉名——这些儒教之徒的书祸国殃民，那才是乱七八糟呢！"

李贽的铿锵话语说得大金吾瞠目结舌。好一会儿，大金吾才说："你可知晓，你作风不正，有伤风化，该当何罪？"

李贽哈哈大笑，说："我已是七十多岁的老朽之人，对我来说，有何伤害风化之谈！其实，那些口口声声讲正风化的人，恰恰就是最卑鄙的伤害风化的人！"

大金吾一听，气得脸色苍白，喊道："住口！如今你仍敢妖言惑众，亵渎圣人，真是胆大包天！来，给他用刑！"

李贽轻蔑地说："人总有一死，我是不怕的，你不用吓唬我。"

几天以后，李贽用剃头刀割断了自己的喉咙，以自杀来抗议反动统治者对自己人格的侮辱，抗议对自己的无理迫害。

◎故事感悟

古人云："立身需自尊。"李贽之所以能够名留史册，是因为他以正立身，以

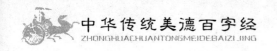
自己的尊严正身。一代进步思想家悲壮地离去了，但他那不屈以正身的高尚品格却永远在中国历史上闪烁着耀眼的光芒……

◎史海撷英

李贽反对封建礼教

李贽曾对被封建统治者奉为金科玉律的儒家经典进行过猛烈的抨击。他认为，儒家经典中的六经，如《论语》、《孟子》等，并不都是圣人之言，而是经过后人吹捧拔高形成的，因此不能当做万年不变的真理。

礼铜还反对歧视女性，当有人说"妇女见短，不堪学道"的时候，他就驳斥说，人们的见识是由人们所处的环境决定的，并不是先天带来的。他指出："夫妇人不出闺域，而男子则桑弧蓬矢以射四方，见有长短，不待言也。……故谓人有男女则可，谓见有男女岂可乎？谓见有长短则可，谓男子之见尽长，女人之见尽短，又岂可乎？"（《焚书·答以女人学道为见短书》）

此外，李贽还主张婚姻平等、自由，反对封建包办婚姻，并热情地歌颂了卓文君和司马相如的恋爱故事。

◎文苑拾萃

独　坐

（清）李贽

有客开青眼，无人问落花。

暖风熏细草，凉月照清沙。

客久翻疑梦，朋来不忆家。

琴书犹未整，独坐送晚霞。

冯玉祥教子自立正身

◎我宁愿靠自己的力量，打开我的前途。——格言

冯玉祥（1882—1948），安徽巢县人。原名基善，字焕章。北洋军阀时期曾任陆军第十六混成旅旅长、第十一师师长、陕西和河南督军、陆军检阅使。1924年冯玉祥在第二次直奉战争中发动"北京政变"，将其所部改组为国民军，自任总司令兼第一军军长，后任国民军联军总司令，参加北伐。1917年冯玉祥任国民革命军第二集团军总司令，后因与蒋介石发生利害冲突，举兵反蒋，先后爆发了蒋冯战争和中原大战。后赴美考察，1948年自美回国乘船途经黑海时，因轮船失火于9月1日遇难。

冯玉祥将军是我国现代史上一位传奇式人物。邓小平同志曾在冯玉祥将军诞辰100周年之际，特地接见了冯将军的亲属，称赞冯玉祥"一生有相当长的时间为国家和人民做了许多好事，建立了丰功伟绩，他也是同我们党长期合作的朋友"。

冯玉祥不仅在政坛叱咤风云，在对子女的教育方面也有不少感人的故事。

冯玉祥的幼子冯洪达将军曾任大连海军学院的院长，后来又任中国人民解放军北海舰队副司令员；女儿冯理达是前苏联列宁格勒医学院免疫学博士，后为中国海军总医院副院长、教授，中国免疫学、消毒学、流行病学专家。

冯玉祥认为，要想让孩子们立身，首先要他们立志，因此，冯玉祥很注意对子女的教育问题。他经常对子女说："你们几个孩子还没有走上社会，爸爸希望你们努力学习，增长知识，做有志气有出息的人，今后都成为对民众、

对社会有用的人。"

儿子冯洪达在美国留学时，冯玉祥每次给儿子去信，总要细心地附上关于国内政治大事的剪报，以培养儿子从小关心祖国、热爱祖国的思想感情。

那么，如何做个有志气的人呢？

冯玉祥是这样对子女们说的："要紧的是学本事，学能耐，要先自己站得定，然后尽力地帮助别人。要是全靠别人帮你的忙，那就是自己看不起自己。俗话说得好，工欲善其事，必先利其器。一个木匠，必得有一个好的斧锯，才能做好的家具。"

冯玉祥不能容忍自己的子女寄附在父母的泽荫下，过着纨绔子弟的生活，因此，他经常要求子女们要有拿得起放得下的本事。

他说："没有学问谁也看不起你，如没有真正的学问更是无人看得起。"临终前他还告诫子女："在这个世界上，有些人有能，有些人有钱。这两样比较起来，那钱毕竟是空虚、软弱的，一旦拿它换不出东西来，它就是一点用也没有了。所以，爸爸总希望你们自己多多努力，做个有能的人。"

冯玉祥对"钱与能"的精辟阐述深深地铭刻在孩子们的心上。

1987年，女儿冯理达已是著名的医学专家了。应新华社香港分社的邀请，她率领医疗小组赴港出诊七个月，圆满地完成了任务。在回国后，她把白利达有限公司赠送她个人的600多只电子石英钟全部捐赠给了国家。

◎故事感悟

只有自立，才能站稳脚跟；只有自立，才能独立思考；只有自立，才能独当一面。冯玉祥明白这个道理，所以教子女以自立正身。我们在生活和学习中也要培养自立正身的这种品质，克服困难，向着自己理想的彼岸迈进！

◎史海撷英

冯玉祥反对蒋介石独裁

北伐革命胜利后，蒋介石任国民政府主席兼陆海空军总司令。

为了确立个人独裁统治的局面，蒋介石决定改组国民政府，实行"以党治国"的"训政"，以"裁军建设"相号召，力图编遣冯玉祥、阎锡山、李宗仁的军队，从而加剧了与国民党内部各军事实力派之间的矛盾，最终兵戎相见。

1930年5月，冯玉祥将军率部倒戈，与晋绥军阎锡山部队联合共同发动反蒋战争，史称中原大战。这场战争共经历了三个阶段。

第一阶段，蒋介石的军队虽然攻占了河南归德（今商丘）等地，但总的形势是十分不利的，蒋军撤守鲁西南和豫南漯河地区。

第二阶段，反蒋各派在北京召开了中国国民党中央党部扩大会议，宣布成立以阎锡山为主席，阎锡山、汪精卫、冯玉祥、李宗仁等七人为委员的国民政府，与南京国民政府形成对峙局面。但由于其内部各派各怀鬼胎，尤其是阎锡山的一些做法，引起了反蒋军的主力——冯玉祥的西北军很多将领的不满，最终在蒋军的反攻下，战局每况愈下。8月，阎锡山军放弃济南，冯玉祥的"八月攻势"也遭到失败，蒋军在两湖、津浦、陇海、平汉各战场取得全面胜利。

第三阶段，持观望态度的张学良于9月18日通电拥蒋后，遂率东北军入关占领平、津、冀等地，反蒋联军迅速瓦解，北京扩大会议迁至太原举行，不久即风流云散，阎、冯二将军通电下野，中原大战以冯阎联军的失败而告终。

◎文苑拾萃

我

冯玉祥

平民生，平民活，

不讲美，不求阔。

只求为民，只求为国，

奋斗不已，守诚守拙。

此志不移，誓死抗倭，

尽心尽力，我写我说。

咬紧牙关，我便是我，

努力努力，一点不错。

言人之欲言，言人之不能言

◎立身成败，在于所染。——魏征

> 马寅初（1882—1982），浙江嵊县人，回族。中国当代经济学家、教育学家、人口学家。新中国建立后，他曾担任中央财经委员会副主任、华东军政委员会副主任、北京大学校长等职。1957年因发表"新人口论"方面的学说而被打成右派，党的十一届三中全会后得以平反。他一生专著颇丰，特别对中国的经济、教育、人口等方面有很大的贡献。

抗日战争爆发后，国民党政府推行了一系列的专制独裁统治。面对一系列祸国殃民的政策，很多人都是敢怒而不敢言。

然而，时任重庆大学经济学教授的马寅初却毫不畏惧，他经常对学生们说："言人之所言，那很容易；言人之欲言，就不太容易；言人之不能言，就更难。我就是要言人之欲言，言人之不能言。"

为了抗日，当时前方将士流血，后方百姓流汗，而蒋宋孔陈四大家族却大发国难财。在一次立法院的议会上，马寅初向四大家族发难，"大量的事实和材料证明，中国的几户'大贪污'其误国之罪，远在奸商汉奸之上。吾人以数百万同胞之死伤，数百万财产之损失，希冀获得胜利以求民族之快复兴，决不愿以如是巨大牺牲来交换几个大财神，一个握财政之枢纽，一个执金融之牛耳，将吾人之经济命脉，操在手中。"

马寅初故意模仿蒋介石的腔调，重复了蒋介石经常说的一句话："此岂抗战之用意？"

虽然马寅初自始至终没有提蒋介石的名字，但对蒋介石的不满和讥讽简直是"尽在不言中"。

在国民党陆军大学的一次演讲中，马寅初以更为犀利的言辞抨击了国民党高官见利忘义、大发国难财的丑恶嘴脸，并且指明道姓痛斥孔祥熙、宋子文等人。

"还有一种'上上等人'，他们是'上等人'的后台。他们有的靠滥发纸币赚钱，有的靠克扣军饷赚钱，有的则依靠权势，利用国家机密，从事外汇投机。一手成云，覆手成雨……"

马寅初的言论矛头直刺国民党的最高当局，这让重庆大学的校长叶元龙非常害怕。他问马寅初："委员长对您是十分尊重的，可是您的演讲都是不利于蒋委员长的，他并没有得罪你啊。"

马寅初回答说："不错，他没得罪我，但他得罪了全国人民！"

此后，马寅初的态度更为坚决，言辞更为激烈。

有一次，马寅初应黄炎培的要求，在重庆市实验剧院做演讲。这次，他更是直接向蒋介石"开火"："有人说蒋委员长领导抗战，可以称为民族英雄，但我认为他根本不够资格。因为他不能法办孔祥熙、宋子文，因为他包庇亲戚和家族，危害国家和民族。所以要说英雄，蒋介石也是一个英雄，不过并非'民族英雄'，而是'家族英雄'！"

在蒋介石的眼皮底下，以如此辛辣的言辞抨击蒋介石，除了马寅初，恐怕不会有第二个人了。在常人看来，以如此"大不敬"的语言斥责蒋总裁，完全可能惹来杀身之祸，而此刻马寅初也知道台下有密探，于是索性打开窗户说亮话。

"今天，我把儿女都带来了，让他们都来听我的演讲，知道我的主张究竟是什么。我的讲话算是对他们留下的一份遗嘱……"

1940年12月，蒋介石命令手下秘密关押马寅初。

然而即使是在牢房里，马寅初仍然不断寻找"演讲"的机会。他向看守他的特务、宪兵讲战时经济，讲四大家族的腐败。渐渐地，特务、看守们都开始同情起他来，对他的监视也越来越松。这样，马寅初就可以在牢房里自由地看书看报，还可以给家人写信。

当时，有一位名叫陈风超的副官，在听了马寅初的"演讲"后深受教育，决定不再为蒋介石卖命，而是找了个机会跑回老家浙江务农去了。

1981年，陈风超还从浙江赶到北京看望马老，并对马老说："我之所以能有今天，完全是由于马老教育的结果，特来表示衷心的谢意。"

1944年冬，历经近五年囚禁、软禁的"政治犯"马寅初终于恢复了自由，但仍被实行"三不准"：不准任公职，不准演讲，不准发表文章。

然而，这些限制怎么能够束缚住马寅初呢？

1944年12月22日，在朋友的邀请下，马寅初出席了"星期五聚餐会"。他一身中式便服，一出场就对惊愕的听众侃侃而谈：

"各位，前人有诗说，'百亩庭中半是苔，桃花净尽菜花开。种桃道士归何处，前度刘郎今又来'。我说，政府伎俩施用尽，老马犹在今又来……"

◎故事感悟

马寅初不畏强权，宁死也要说真话，这也是另一种的"立身当正"。这个"正"，就是为人真诚、敢说真话，只有这样才能赢得别人的尊重与称赞。

◎史海撷英

马寅初关注中国人口问题

早在20世纪50年代初，马寅初就注意并开始研究中国人口增长过快的实际问题了。

在著名的《新人口论》中，马寅初比较系统地论述了中国的人口问题，提出了"我国人口增长过快"的观点，认为1953年到1957年的四年间，中国人口很可能已经超过1953年人口普查得出的年增殖率为20‰的结果。如果按1953年统计的20‰的增殖率来估算的话，"三十年后同实际的人口数字一比，就会差之毫厘而失之千里了"。

　　马寅初还分别从加速积累资金、提高科学技术、提高劳动生产率和人民的物质文化水平以及增加工业原料等方面，对控制人口的必要性、迫切性进行了论述。他尖锐地指出，控制人口实属刻不容缓，否则日后的问题就很棘手，愈难解决。政府对人口若再不设法控制，难免民众把一切恩德变为失望与不满。他提出了定期举行人口普查，把人口增长纳入第二个、第三个五年计划的建议。

◎文苑拾萃

缅怀马寅初

佚　名

不因位卑服伟人，只为真理发宏音。

据实论道书生气，舒怀穷经赤子心。

人口理论今方验，斯文扫地古为箴。

荣辱系身等闲事，千秋不负报国魂！

"川北圣人" 张澜

◎那些立身扬名出类拔萃的，他们凭借的力量是德
行。——格言

张澜（1872—1955），字表方，四川南充人（今西充县莲池乡人）。1941年参加发起中国民主政团同盟（1944年改为中国民主同盟），1941年10月继黄炎培之后担任中国民主政团同盟中央执行委员会主席，后任民盟中央执行委员会主席、民盟第一届中央委员会主席至1955年2月9日逝世，享年83岁。

1903年，张澜赴日本留学。回国后，他开始致力于教育革新活动。

1906年，张澜回到家乡办教育，创办了南充县立中学和南充实业学校等。

1911年，四川发生了保路运动，张澜作为南充的代表，参加了川汉铁路股东大会，并当选为股东大会的副会长。

当时，清政府四川总督赵尔丰借口谈判，将张澜、蒲殿俊等九人逮捕，并准备"候旨听斩"。四川各县的保路同志闻讯后，动员了十多万武装群众围困成都，清政府遂调湖北新军入川镇压。结果武昌空虚，爆发了辛亥革命。

在被捕期间，张澜面对枪抵胸膛、刀架脖子仍然从容抗辩，用实际行动演绎了什么叫做"威武不能屈"。经过这一事件以后，张澜名扬四川。

1917年11月，张澜被北洋政府任命为四川省省长。然而就在张澜任四川省省长时，他的妻子却依然留在乡村以种田养猪生活，这在民国官场被视为奇事。

从1911年至1918年，张澜在四川从政长达八年。这期间，他运用民主的理念，改革了旧官场上的种种弊端，而自己带头清廉。同时，他还大力兴办

教育，使人民安居乐业，在百姓中赢得了"川北圣人"的美誉。

张澜的正直、廉洁也是出了名的。在当选新中国的国家副主席后，因为工作的需要，他不得不将夫人及儿女从四川迁到北京。然而，他却一次次地拒绝国家为他安排的住宅。在他看来，那些院子委实太大了，房屋也委实太好了。后来，他亲自选择，终于合家团聚在一处小小的宅院里。

1949年开国大典之前，按照周恩来总理的指示，有关方面拨了一笔服装费，希望为张澜先生做一身新衣服，穿着一身新装出现在天安门城楼上。然而张澜先生婉言相拒，他说："国家的钱，即人民的钱，我怎么可以用来做了长袍穿在自己身上？但总理的考虑是对的，我将保证着新装与民同庆。"

于是，张澜自己出钱，赶制了一件布长衫。

由于德高望重，张澜先生赢得了共产党人的尊重，就连朱德、罗瑞卿等人都以当过张澜先生的学生而感到荣幸。

◎故事感悟

"川北圣人"张澜赢得的尊重是来自他的身正，而这种身正就是他的美好品德。我们在敬佩这位老人的同时，也要努力培养自己的良好品德，做到"立身当正"。

◎史海撷英

张澜坚决拒绝参加伪国大

1946年10月，蒋介石利用和谈的时间，完成了全国性的军事部署，在侵占张家口的次日，便悍然宣布召开伪国民代表大会，明目张胆地撕毁政协决议，关闭和谈之门，妄图给法西斯政权披上合法的外衣，肆无忌惮地把全国人民推入内战的火海。

正当国民党反动派对所谓的第三方面加以威胁利诱，迫使限期交出参加国大的代表名单的紧急关头，民盟内部的民社党在政协开幕前夕单独交出了他们的代表名单。

当时，滞留在重庆的张澜从重庆"特园"同南京民盟总部通了长途电话。他严肃地说："我们民盟必须在政协决议程序全部完成后，才能参加国大，否则就失去了民盟的政治立场。希望大家万分慎重，决不可稍有变动。"

当天下午和晚上，张澜又接连两次给民盟总部打电话，反复叮嘱千万不要提交名单。在这重大的历史关头，张澜以高度的革命责任感，从政治上代表着广大盟员的心愿，保证了民盟上层领导的一致。

直到从报纸上看到民盟总部发表"决不参加"的声明后，张澜才捻着胡须笑着说："我终于可以睡得着觉了。"

◎文苑拾萃

张澜故居

张澜故居位于四川省西充县莲池乡观音堂村张观沟。

该建筑坐西朝东，掩映在一片翠竹苍柏之中，而张澜先生的青铜像则矗立在故居的入口之处，巍峨雄壮，气势恢宏。

整个建筑为穿斗结构，木梁青瓦，木楼篱墙，青石院坝，正对的张氏祖祠。虽然右厢房早已被拆除，但由于正房建在高高的台阶之上，因此仍然可以显现出当年的壮观。

祖祠的左侧是由18间青瓦房、木板楼和篱笆围成的四合院，东西边是厢房，与南房、北房四面围合，封闭而安全，环境清静，居住舒适。

房屋以交青色墙壁为主，墙壁和房顶显得厚重而稳固，别具传统特色。四合院内的房屋之间以石板路相通，或以小阶梯式路相连。虽然经历了近一个世纪的沧桑巨变，使得整个故居显得有些苍老，甚至略显残破，但却仍然显得古朴清幽。

张澜故居于2004年进行了重新修复，张澜先生及祖辈生前所用的一百多件学习、生活用品等，已全部购回陈列于故居当中。

铁骨丹心以正身

◎人之立身，所贵者唯在德行，何必要论富贵？——吴兢

叶挺（1896—1946），字希夷，广东惠阳人。1924年赴苏联东方劳动大学与军事学校学习，1925年回国，1927年先后参加南昌起义和广州起义。抗战时任新四军军长。1941年皖南事变时被国民党非法逮捕，先后被囚于江西上饶、湖北恩施、广西桂林等地，最后移禁于重庆"中美特种技术合作所"集中营。1946年3月4日，由于中共中央的坚决要求，始获自由。出狱后即致电中共中央请求加入中国共产党，于3月7日经中共中央批准。当年4月8日自重庆飞赴延安，途中因飞机失事遇难。

1941年1月6日拂晓，国民党顽固派发动了震惊中外的皖南事变。在这一事变中，叶挺率部浴血奋战了七天七夜。

1月14日黄昏，叶挺受中共中央东南分局副书记饶漱石的委派，下山与国民党军事当局谈判，结果被扣押，羁押在上饶集中营李村监狱。

从1月17日入狱，至8月转押往重庆，叶挺被扣押了长达七个多月。在这期间，叶挺威武不屈，正气凛然，与顽固派展开了一场正义与邪恶、灵魂与肉体的生死决斗，谱写了一曲人生正气歌。

在叶挺刚刚入狱不久，皖南事变的直接指挥者、国民党第三战区司令长官顾祝同便亲自设下种种陷阱与骗局，妄图以高官厚禄感化、收买叶挺，使之变节投降。

顾祝同先是派高参陈淡如做说客，然后又逼迫也是在皖南事变中被俘的叶挺的侄子叶育青、叶钦和，妄想他们能以叔侄之情"感化"叶挺。见以

上方法均无效外，由派叛徒赵凌波以所谓现身说法的方式对叶挺进行"规劝"……

然而所有的这一切，叶挺都不为所动，并把来者一个一个地打发走。同时，他还教育两个侄子要提高警惕，经受得住考验；他痛斥叛徒赵凌波的无耻行为，几个耳光就将他赶出门外；他愤然地在囚室的墙壁上写下钢铁誓言：

富贵不能淫，威武不能屈；

正气压邪气，不变应万变；

三军可以夺帅，匹夫不可夺志；

坐牢三个月，胜读十年书。

……

在蒋介石的一再催促下，顾祝同只好亲自出马，对叶挺进行劝降。

他先用一辆小汽车将叶挺接到战区长官司令部，设下丰盛的酒宴，将叶挺奉为上宾。还找来几个当时战区的高级将领，如副司令长官上官云相、政治部主任邓文仪等所谓在保定军校的"同窗"、"好友"出席作陪。

在席间，这些人对叶挺轮番敬酒，不着边际地"叙旧"。而面对这些陷阱，叶挺沉着应付，静观变化。在酒过三巡之后，顾祝同才言归正传，装着满面笑意地说："委座特地从重庆拍来电报问候军长，说这次新四军违犯军纪……"

"不对！"叶挺立即打断顾祝同的话，义愤填膺地说："新四军是为了顾全大局，答应按你们指定的路线北移。可是你们不按期补充粮食和弹药，故意拖延时日，几次改动北撤路线，而且将我军的北移路线泄露给日军，逼得我们无路可走。同时，你调集重兵对我们进行包围。北移前，我找你报告北撤路线时，你说用人格担保我们的安全。可是你却暗中设下埋伏，以七个师八万人袭击我军部九千人。这就是你说的'人格'担保？你的'人格'何在？我们又违反了什么军纪？"

"这……"顾祝同被叶挺的义正词严批驳得哑口无言，只得露出真实的意图说："叶军长，不要误会嘛！新四军这次不在期限内渡江，完全是副军长项

英受了延安的指使所为。这与你叶军长无关，你又不是共产党员，何必要代人受过呢？"

叶挺严正地指出："我是新四军军长，一切应由我负责，谈什么'代人受过'呢？如果真像蒋介石先生所说的是违犯军纪问题，那你们就公开以军法对我审判。我将把真相宣告于全国人民面前，请你们转告蒋介石先生。至于我的部下，我要求把他们立即释放。"

说到这里，顾祝同感到已经无法再谈下去了，只好把底牌亮出来，说："叶军长，你我至交，愿以忠言相告。军长的军事天才早已闻名天下，委座十分钦佩，只要你能说这次事件是新四军违犯军纪，并向外发一个宣告，第三战区副司令长官的职位就是你的。我们可以合作抗日嘛！"

叶挺听完这一番话后，立即报以冷笑，说："今天是国家危急存亡之际，叶挺我一向力主抗日，别无他念。可是你们却反复无常，不顾国共合作、共同抗敌的诺言，悍然发动皖南事变，陷害我新四军。你们如果是诚心找我谈判的，就必须先释放我军全体被俘人员，叶挺愿重率旧部奔赴抗日前线。否则，我们之间没有什么可商量的余地。头可断，血可流，志不可灭！"

叶挺大无畏的气魄，义正辞严的话语，把顾祝同说得哑口无言。至此，顾祝同只好狼狈地下令撤去宴席，将叶挺重新送回了李村监狱。

叶挺在击败了顾祝同的诱降后，从1月21日起，也就是进上饶集中营的第八天，不顾特务们的日夜监视，开始写自述文章《囚语》。

在文章中，叶挺用激情昂扬的文字，回顾了自己早年思想性格的形成和参加革命以来的艰难历程，表达了对皖南事变中战友牺牲的悲痛心情，以及自己宁死不屈的决心。他回顾了自己在革命人生旅程中的六次遇险，并说，皖南事变是第七次对他生命的考验。他这样写道：

"一个人，当可能到达他生命最后一程的时候，他的感情与理智，或感情与感情，或理智与意识，一切矛盾是最容易一起表现在他的心头激烈斗争着，比血的战场还要厉害。他需眼泪，好似后者需要血一样，这不是妇人、懦夫的眼泪，是壮士哭战友的眼泪。他需要狂歌，需要狂笑，最后一个意识，一个感情战胜一切了，他发出凯旋的微笑。"

这里十分生动地表达了叶挺的无产阶级生死观和革命者大无畏的英雄气概。

作为一个有血肉的人，叶挺的情感也是十分丰富的。他对人生和妻室儿女都十分留恋，并不愿意枉死。然而，他更是一位革命的将军，一位抗日的将军，一个富有民族正义感、有强烈责任意识的中国人。他感到，当一个人的责任及环境要求他死时，他又是不惜牺牲个人性命的。

因此，叶挺在回复妻子李秀文的电报中写道："军人天职、人格重于生命。"这是多么豪迈的伟岸气概！

叶挺之所以有如此气度，是因为他从少年起就养成了为正义宁折不弯的倔强性格。他在《囚语》中这样写道："我幼年性格倔强，直至成人没有改变。"

然而，叶挺也同常人一样看重生命之可贵、自由之可贵，他同样渴望生命和自由，认为除了生命，便是自由最可贵了。他写道："'自由'像水和空气一样，得之不觉可贵，失之则难堪。"屠格涅夫说过，"我爱自由胜过爱世上的一切。"

然而，今日处于监牢中的叶挺却得不到自由。他无奈地感叹："今日仅仅所能做到的'自由'，是囚徒的'自由'，仅能从'不'字上着想，不能从'要'字上着想，譬如，你想要活，'他人'偏不要你活。这是你能做到的'自由'。"对这种所谓的"自由"，叶挺表示了极大愤怒，他表示："我一日不得自由，必不理发剃须，这是我的自由。"果真，从进监狱起，叶挺就开始蓄须明志。

2月12日，叶挺在上饶集中营还写了《致蒋介石的一封信（代电稿）》，要顾祝同转呈蒋介石。信中强烈要求"将所部被俘干部不分党籍何属，概予释放，复其自由"，表示"挺愿以一死为部曲赎命"，并言明个人操守"至死不可变"，"挺不愿苟且偷生，以玷前修，愿保真情而入地狱"。文末，叶挺还写上"临电泰然，心地光明"八个大字，字字铿锵，掷地有声。

叶挺在上饶集中营那样的处境下所有的言语、文字和行动都表现了一位正直的中国军人爱祖国、爱人民、爱士兵、决心为伟大的抗日事业奋斗到底

的决心和伟大情操，正如《新四军军歌》所唱的："东进，东进！我们是铁的新四军！……"铮铮铁骨，百折不挠，是叶挺的灵魂，也是新四军的军魂。

◎故事感悟

我们对叶挺将军的事迹甚感崇敬。只有坚持民族大义，深深地热爱自己的祖国才是光荣的；凡是不顾民族利益的，就是耻辱的。历史是最好的证明，革命先辈们为之奋斗的伟大事业已变成现实，先辈们的伟大精神留在了人民的心间。一代北伐名将叶挺的铮铮风骨，千秋风范，永立于天地间。

◎史海撷英

叶挺遇难

1946年4月8日，叶挺乘飞机由重庆回延安。飞机在山西兴县黑茶山失事，叶挺不幸遇难，享年50岁。同机遇难的还有王若飞、博古、邓发以及叶挺的妻子李秀文、五女儿杨眉和幼子阿九。

噩耗传出后，毛泽东在《解放日报》上发表悼词："为人民而死，虽死犹荣。"朱德题词："为全国人民和平民主团结而牺牲。"

◎文苑拾萃

叶挺赞

佚　名

黄埔一名将，北伐真铁军。

八一革命力，抗日民族魂。

江南陷囹圄，铁窗牢狱蹲。

矢志为主义，浩气耀昆仑。

用色彩点亮中国

◎立身方知人辛苦。——格言

靳羽西（1946—），美籍华人，祖籍广东。羽西化妆品公司副总裁，世界著名电视节目主持人、制作人、化妆品王国皇后、畅销书作家、慈善活动家，一个善于把自己的幻想和奇妙的梦境编织成现实，并以此征服世界的人。多年来，她为中国改革开放以及东西方文化交流和经济的发展作出了很大的贡献，做了无数的"第一"。她也是第一个实现"让世界了解中国，让中国了解世界"的人。

靳羽西祖籍广东，她出生在"山水甲天下"的桂林。父亲靳永年是中国著名岭南派画家。靳羽西是家里的老大，她下面还有三个妹妹。由于生在广西，父亲便为她取名羽西。

许多人认识靳羽西是在1986年羽西风靡中国的时候。然而，至今她仍然是那个商标化了的形象：童花头，红嘴唇，皮肤保养得极好。她的妆也常常化得很浓，但却完美得无可挑剔，明亮的双眸含着热情的笑意，让人不由得亲近她、爱慕她。

靳羽西在谈到自己时常常一点都不"谦虚"，而是会蹦出诸如"棒极了"、"难以置信"、"不可思议"之类的形容词。她刊登在杂志上的照片与各种各样大人物的合影都加了镜框，整整齐齐地挂在公司办公室、会客室的墙壁上，所有来采访的记者都要看上一段介绍宣传羽西的录像。

但是，这种东方人一向讨厌的自我欣赏却被靳羽西身上特有的魅力淡化了。这种魅力就来源于她东方式的美丽、美国式的直率和作为一个成功人士

的自信。

靳羽西毫不讳言她的价值观："人最大的悲哀就是穷到除了钱什么都没有。"因此十几年来，她捐赠钱物，资助了不少慈善项目。

华东水灾时，靳羽西积极出资赈灾。

得知年仅14岁的学生张帅被硝酸毁容、全身40％三度烧伤后，在天津的靳羽西马上赶去医院看望，并捐赠1万元人民币，希望她早日脱离危险。

北京申办奥运会时，靳羽西拿出了靳羽西娃娃进行拍卖，所得善款全数捐出，以表华人拳拳之心。

靳羽西每次到上海，只要有时间，就要前往上海市儿童福利院看望那里的孩子，去上海市儿童医学中心看望生病的儿童。

与自己的美容理论一样，靳羽西对自己的这些行为也有一个堂而皇之的解释："我希望人们感到我做过的每一件事都是对中国有利的，这就是我的出发点。"

1991年夏天，中国遭受了百年不遇的水灾袭击，靳羽西马上向国内外朋友发出了一封封介绍中国灾情的公开信，并率先捐出2.5万美元。她还在自己的寓所举行了赈济华东水灾筹款会，呼吁来宾关注中国灾情，最终募得善款12万美元。

1995年，靳羽西化妆品公司率先向第四届世界妇女大会赞助150万元人民币，并且是向中国组委会提供第一笔捐助的企业，为推动世界妇女运动贡献了自己的力量。

靳羽西奖学金是1996年北京大学第一个专为女生设立的奖学金，奖学金最高金额是4000元。这一年的5月，靳羽西在北大的礼堂作了一场《我有一个梦》的演讲。

这篇激人奋进的演讲也是靳羽西专为"靳羽西教育基金会"而作的。她在北大设立奖学金的最终目的，就是为考入这所高等学府的全国各省市自治区的第一名女状元提供奖学金。靳羽西说，自己不仅要用化妆品影响中国女性，也要用这一举动和方式来培养更多的杰出女性。

很多获得这一奖学金的女孩都给靳羽西写信表示感谢，每当此时，靳羽西总是很动容："我觉得钱的多少并不重要，重要的是她们理解我这份心意，而且都自强不息地努力做一名对社会有贡献的美丽女性，这对她们、对我而言都太有意义了。"

此外，靳羽西还在美国纽约市立大学专为去美国修读英文专业的中国学生设立奖学金，因为她非常清楚中国留学生初到异乡的艰辛。而且，靳羽西觉得自己的付出是很有价值的："他们对我而言都是陌生人啊。对自己认识的人好是一回事，但对一个根本不认识的人，你知道他需要帮助，你伸出手，并不求什么回报，他的生活比以前更美好了，这就是慈善最大的意义。"

"我并不是很有钱，但是慈善并不只是捐钱。"靳羽西做慈善，投入的不仅是金钱，还有大量的心力与时间。慈善的形式，在靳羽西看来完全是多种多样的。因此，每个月靳羽西都会参加或协办各种小型的晚会，为慈善募捐筹款。她还在曼哈顿的家中开鸡尾酒会，为美国"华人博物馆"筹款；为在中美文化交流方面作过很多贡献的华美促进会免费演讲。而且，她所筹划的慈善晚宴，请名主持、名设计师，准备酒水、晚饭、表演等等费用，全都由她出资操办。

有一次在上海，一个名叫"住在中国的外国人"的民间协会刚刚开完年度捐赠会，靳羽西便别出心裁地设立了"与靳羽西共餐"这个奖项，在她上海的家中为捐赠3000元以上的人士亲自准备了晚饭。

不仅对中国和中国人，靳羽西也积极参与各种世界性的慈善活动。

2001年7月26日，在全世界拥有广泛影响力的靳羽西，被任命为联合国全球儿童运动大使。这次，靳羽西加入了极有名望的国际名人的阵营。在这些名人行列中，有获得诺贝尔和平奖的尼尔森·曼德拉、联合国前秘书长安南、电脑巨子比尔·盖茨、韩国前总统金大中、诺贝尔奖金获得者瑞戈伯特·曼楚、约旦女王瑞尼亚以及联合国国际儿童教育基金会亲善大使米亚·法柔、好莱坞明星苏珊·萨拉丹、劳杰·摩尔等等。

靳羽西与这些世界名人一起，共同推动着联合国全球性的"向孩子承诺"（Say Yes to Children）的签名运动，呼吁给儿童一个健康、和平、美好的生活环境。

在这次运动中，国际名人还联手与90多个国家的政府、地方团体，如艺术家、儿童组织及年轻人把它推广到世界的每一个角落。通过选票方式和网络鼓励人们支持儿童的教育、帮助贫困的儿童、强调教育对于艾滋病的重要性、排斥武装冲突等等十项重要的原则，主要是解决当今儿童生存所面临的严重问题。

靳羽西还在纽约拍摄了三个30秒的社会公益广告（PSA），然后在全球范围的电视上播出。

在这三个公益广告中，靳羽西分别用英语、普通话和广东话向全世界的儿童作出了承诺，而且倡导要确保儿童能在健康、和平、良好的环境下成长，观众可以通过英文或中文在网上签名支持。

另外，靳羽西还通过自己的1000多个中国专柜发送承诺表格，回收量达数百万份。她说：我希望这次运动会使全世界人民开始注重儿童面临的问题。今天的中国人积极参与全球性事务，包括主办2008年奥运会及加入世贸组织。而且，中国一直十分支持联合国，十分关注儿童的成长。我相信，中国人民能够支持这项运动，同时也号召全世界人民参与这项"对儿童作出承诺"的运动。

◎故事感悟

靳羽西被誉为"传播美的使者"。十几年来，她一直力行慈善，关注中国的发展。靳羽西魅力的源泉不在财富，也不仅是有礼的举止、优雅的风度和美好的仪容，更重要的是内心真诚友善的意愿——这正是我们向她学习的立身之本。

◎史海撷英

追梦"中国娃娃"

"羽西娃娃"的创作灵感始于靳羽西女士曾想要为一位美国朋友购买一个"中国娃娃"。

当时，靳羽西找遍了中国的玩具店，在堆满金发碧眼的洋娃娃柜台中，始终没能找到一个"中国娃娃"。这引发了靳羽西设计代表东方人形象的娃娃的念头。

2001年1月，靳羽西成立了一家名为靳羽西文教玩具有限公司的全新品牌公司，成功地创造和上市了公司的第一线产品——羽西中国娃娃。

这些中国娃娃都有着黑色的头发、黑色的眼睛和黄色的皮肤。"羽西娃娃"系列的设计理念是中西合璧和多元文化。此后，靳羽西的中国娃娃便以每天四个商场专柜的速度，快速地拓展开了中国市场。

◎文苑拾萃

羽西品牌

1992年，享有国际声誉的华裔名人——靳羽西女士创建了羽西品牌。这也是中国第一个以"将世界最好的赋予亚洲，将中国最好的赋予世界"为宗旨的化妆品国际品牌。

随后，靳羽西在深圳建立了第一家化妆品生产厂，此后又在上海建立了第二家工厂。靳羽西的目标是要通过化妆品让中国女性变得更加美丽、自信。

1996年，"羽西"已成为中国化妆品业的第一品牌，并且多年来，一直被中国消费者评为最受欢迎的化妆品品牌，消费者满意度高达95%。

2004年6月，世界最大的化妆品公司欧莱雅（L Oreal）收购了"羽西"化妆品及其品牌。

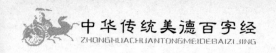
一切从"壹"开始

◎信念是一个人的立身之本。——格言

李连杰（1963—），著名动作明星、国际功夫巨星、武术家、慈善家，"壹基金"创始人，新加坡籍华人，生于中国北京，曾居住在北京、香港、美国、新加坡等地。

提起国际功夫巨星李连杰，可以说是"无人不知，无人不晓"。

1971年，教练吴彬看中了八岁的李连杰，从此，李连杰便开始武术生涯。11岁是，李连杰便带病参加少年组全国武术大赛，连夺三冠，技惊四座；12岁时，竟然破天荒地参加成年组比赛，最终技压群雄。

从1975年到1979年，李连杰一连五年获全国武术比赛的冠军，被北京市体委授予特等功，还被评为"勇攀高峰的突击手"，是70年代武术界的常胜将军。李连杰17岁时已代表中国出访过40多个国家。2007年李连杰成立壹基金，成为了家喻户晓的慈善家。

李连杰一生获过无数种奖励：2005年人道贡献奖、终身成就奖；2008年影响世界华人大奖；2009年被世界卫生组织任命为亲善大使；2009年达沃斯经济论坛上获达沃斯Crystal奖杯（水晶杯）……

然而在李连杰眼中，所有的这些成就都不能与他的慈善事业相比。

真正让李连杰与慈善结缘的，是一场突如其来的海啸。

2004年12月25日，李连杰携妻女到马尔代夫度假。次日，苏门答腊岛西北近海发生了8.9级地震，由地震引发的海啸波及到东南亚和南亚数个国家，造成了严重死伤。幸运的是，李连杰及家人在这次海啸中都得以逃生。

　　逃生后的李连杰禁不住感叹，就那么一会儿工夫，海水从脚踝涨到了胸口，他和孩子也差点魂归大海。当海水退去，整个酒店的人都在大堂里过夜，哪怕你有上亿身价，这里能提供的也只有支撑五天的饮用水和三天的食物。

　　确实，任何人在冷酷的自然力面前，即便富可敌国，权势蔽日，也一样会变成海水中一具肿胀的尸体。

　　获救之后，李连杰似乎顿悟了。露宿酒店大堂的那夜，李连杰怀抱女儿无法入睡。他想到，在过去41年的人生中，首先想到的都是自己，想证明自己与众不同，一切作为都以自我为中心。但在那个大堂，他看到不同肤色、不同语言的人们互相帮助，很像某部温情的电影。而如果每个人都提供帮助，每个人都做一点点，将会有大的不同。他觉得，自己花了超过20年的时间才体会到最厉害的武器是微笑，最强大的力量是爱。而自己要做的，就是凝聚这种力量，把这种力量传递给更多需要帮助的人。

　　2007年，在无数的民间慈善组织前赴后继的路上，李连杰探索出一个适合中国社会特色的民间慈善模式，于是"壹基金"诞生了。"一花一世界，一叶一菩提"，"1个人＋1个月＋1元钱＝1个大家庭"，李连杰倡导"壹基金、壹家人"的全球公益理念。公益不分高低贵贱，1元钱同样可以创造一个真善美的世界。

　　慈善家李连杰的一切，从"壹"开始。让世界了解华人，一切也从"壹"开始。

　　中国没有公信力非常强的民间组织，那么李连杰本人就成为了壹基金公信力的象征；中国的慈善事业体系不够透明，那么壹基金就挂靠在红十字会。壹基金的钱，红十字会一分钱不能动；但壹基金动一分钱，都要经过红十字会知晓与同意。这是在现有体制内设计的双扣规则，丝丝入扣。

　　汶川"5·12"大地震期间，"壹基金"一共募得1370万美元，大部分都用来捐助四川大地震的灾民。在抗震救灾最紧张的阶段，李连杰亲自赴灾区扛救灾物资的事情，也成为当时最抢眼球的新闻之一。

　　2010年，西南大旱牵动着亿万人民的心。李连杰代表壹基金亲自赶往云南省普洱市宁洱哈尼族彝族自治县磨黑镇，向灾民捐赠了60多万元的物资，包括3.6万瓶矿泉水、11吨土地保水剂、茶苗、咖啡苗以及大量运水储水工具等。李连杰还与当地群众一起补种咖啡苗，视察修建人畜饮水工程。

"壹基金"给中国慈善事业带来新的灵感与动力。有一颗善心的李连杰，比有一身武功的李连杰更能济苍生。

与许多慈善家直接捐赠的方式不同，李连杰倡导的是一种全新的"人人都能做公益"的思维方式。他认为，"每一个人都可以为公益慈善尽自己的一份心意、一分力量。这种参与并不在于你有多少钱、你有多成功。壹基金希望公益慈善变成我们的一种习惯、一种生活方式。"

在海外打拼多年，李连杰也强烈地意识到，世界并不了解中国，不了解华人，"中国人自古就强调兼济、大爱、宽容，我希望把这种价值观和拥有这种价值观的华人形象输出给世界"。不仅要倡导全新的慈善理念，李连杰还想给中国慈善事业带来一次革命，他希望让慈善本身产生经济价值。

金钱的度量衡是有限的，就算是比尔·盖茨，穷其一生也不可能救万千灾民于水火。在古代的中国，每年的腊月初八其实就是一个慈善的节日。这一天，富人为在寒冬里瑟瑟发抖的穷人盛上一碗腊八粥。富人心安，穷人温暖。

慈善从来都是社会的平衡剂，其精神力量的传达因此彰显。李连杰在遭遇海啸时的一个体验，就是救援者不仅仅能给你带来物质的、身体的救援，当你知道你的呼号有人听见，当你知道有人正在奋力赶在救你的路上，这种安全感才最重要。

侠之大者，为国为民。在银幕世界，李连杰成功地演绎了无数拔刀相助的侠客；在现实世界，他同样侠骨柔情，李连杰和壹基金让慈善从奢侈品变为普通人的生活必需品。

◎故事感悟

"一花一世界，一叶一菩提。"李连杰的贡献很多，但他贡献最大的还是他的慈善事业，尤其是壹基金的创立。虽然壹基金创立的时间很短，但发挥了巨大的作用。人们熟悉李连杰可能还在于他的"功夫皇帝"身份，他"打"下了中国，打进了好莱坞市场，但他并没有止步，反而开始了新的事业。他常说，慈善才是让他正身自立、追求一生的信念。时间的车轮滚滚向前，但乐善好施的品质会永远传承。

◎史海撷英

习武三境界

李连杰认为，习武的境界可以分为三种：

第一个境界：学习武术的形式，并不断地重复它们。把你的四肢化为武器，并把它们磨练得越来越锋利。这时你的精力都集中在技艺上。

第二个境界：这时身体上的技艺已经十分纯熟，精神力量的重要性开始显现出来。如果你能够使对方感到恐惧，或者说服对方，那就不需要和对方进行格斗了。

第三个境界：你已经掌握了精神力量，甚至根本不再需要使用拳脚了。当你们坐在一起的时候，每个人都感到安全。你不会给任何人带来恐惧感。可能仍有人想攻击你，但慢慢地他就会醒悟，并且放下武器，这时他就不再想攻击任何人了。

◎文苑拾萃

壹基金

中国红十字会"李连杰壹基金计划"是由中国红十字会"博爱大使"李连杰先生发起，在中国红十字总会架构下独立运作的慈善计划和专案。

壹基金提出：1人＋1元钱＋每1个月＝1个大家庭的概念。其含义就是说：每人每月最少捐1元，集合每个人的力量，让小捐款变成大善款，随时帮助大家庭中那些真正需要帮助的人。

壹基金本着"人道、博爱、奉献"的红十字精神，秉承"全球一家人"的理念，致力于传播公益文化，搭建公益平台，推动公益产业的发展；同时，向在各种灾难和突发事件中遭受创伤的人士提供尽可能的人道援助。

如今，壹基金正在逐步成长为一个国际性的慈善公益品牌。

诚信自立，报效国家

◎不信不立，不诚不行。——晁说之

王一硕（1980—），中共党员，出生于河南省长垣县。2003年7月，王一硕毕业于河南中医学院药学院，同年8月参加了大学生志愿服务西部计划，服务于陕西省麟游县科技局，成为团中央等国家机关批准的首批大学生服务西部的志愿者。在服务期满后，他又以优异的成绩考取了河南中医学院中药专业研究生。现兼任河南赫福莱生物制药有限公司总工程师、副总经理。

王一硕出生在河南省新乡市长垣县的一个贫困的农民家庭中，兄妹共四人，家里唯一的经济来源就是父母种地的收入。

2000年，当王一硕收到河南省中医学院的录取通知书后，面对每年高达6000元的学费，为了不让年迈的父母为难，也为了不让正在上学的两个妹妹失学，他毅然决定放弃上大学，前往西安打工。

而当河南中医学院得知王一硕由于交不起学费而没有到校报到时，立即为他申请了国家助学贷款。就这样，王一硕带着万分感激的心情进入大学校园，并于2003年顺利地完成了学业。

在上大学的三年中，王一硕只花过家里300元钱。然而，他却靠自己平时打工，给正在上学的两个妹妹寄了8000元钱。

2003年6月14日，当王一硕听说学校动员毕业生参加西部服务计划时，当即就动了心。他说："是国家的助学贷款和学校领导、老师的帮助才圆了我的大学梦，在国家西部建设急需人才的时候，我别无选择。"

同年8月，王一硕被分配到陕西省麟游县做志愿者工作。

麟游县海拔高达1200米，自然条件十分恶劣，是国家级扶贫开发工作的重点县，年人均纯收入仅有300多元。而且，这里没有灌溉条件，居民吃水都很困难，当地农民只能靠天吃饭。

通过调查，王一硕发现，这里的自然条件很适宜黄芩、柴胡等中药材的生长，发展中药种植优势明显。因此，他就利用自己所学中医药知识，大力进行药材种植。

在当地服务期间，王一硕走遍了麟游县的山山岭岭，带领当地老百姓成功地种植了三万多亩的药材，为当地老百姓增收近千万元。团县委书记常常动情地说："走遍我们麟游县的乡镇，能找到不认识县长、不认识县委书记的老百姓，可找不到不认识王一硕的。"

然而就在这样艰苦的工作环境里，王一硕仍然每天坚持学习到深夜。

2004年10月，王一硕参加了国家人事部组织的执业药师考试，并顺利地取得了执业药师资格。

2005年元月，王一硕又以总分高出录取分数线40分的优异成绩，考取了河南省中医学院中药专业的研究生。后来，他又被聘为河南赫福莱生物制药有限公司的总工程师、副总经理，同时在数家制药企业兼职。通过自己的劳动，王一硕还挣钱偿还上了读大学期间的银行贷款。

"西部志愿者的经历使我明白，人不能只为自己着想，个人的命运只有与祖国和人民紧密相连，才能成就更大的事业。"

2005年12月15日，距离还款日期还有10个多月，王一硕就决定提前偿还26770元的国家助学贷款。他说："我现在有能力还清贷款了，我决不会赖账。无论何时，诚实守信都是我人生的追求。"

◎故事感悟

以诚信自立，以行动报国。这简短的10个字，正是王一硕的真实写照。正因为他明白诚实守信是立身的根本，所以他把诚信当做他毕生的追求。我们也要以诚信立本，用诚信的汗水浇开名誉的花。

◎史海撷英

麟游县历史沿革

陕西省麟游县历史悠久。据古遗址及出土的文物考证，在旧石器时代，先民们已经在境内繁衍生息了。到了新石器时代，这里便已有了氏族部落聚居。

公元前21世纪，夏王朝建立后，麟游地属雍州。周代祖先就从漆水进入今麟游地区，建立了杜林邑，故称杜地。历经两代后，公刘时又迁都邑于豳（今彬县）。

西周时期，麟游地属西周辖。周平王东迁洛邑时，将岐山以西的土地赐给了秦襄公，麟游便归秦管辖。

秦统一中国后，始置郡县，麟游东部置漆县，西部置杜阳县（县址在今麟游县招贤镇），均属内史地。

西汉时期，沿袭秦治，杜阳县、漆县均属右扶风。

到北魏皇兴二年（468年），今麟游北部属白土县，归新平郡辖。南属雍县，归秦平郡辖。

唐朝初年，改麟游郡为西麟州。贞观元年（627年）废州。麟游地东有麟游县、西有普润县。属岐州。

北宋时期，又设麟游、普润二县，属秦凤路凤翔府辖。

元朝大德九年（1305年），撤销了普润县，其地并入麟游县，归凤翔府辖。

到了明清时期，麟游县均归凤翔府辖。

1949年5月21日，麟游第二次解放，麟游县归彬县专区辖。1950年，撤销了彬县专区，麟游划归宝鸡专区。1956年10月1日，宝鸡专区又被撤销，麟游县直属陕西省。1958年12月10日，麟游、岐山、凤翔三县合并为凤翔县。1961年10月9日，宝鸡专区恢复。同时恢复麟游县，归宝鸡专区辖。1971年12月8日，宝鸡专区撤销，设宝鸡市。麟游归宝鸡市辖。1979年3月10日，宝鸡地区恢复后，麟游县属之。1980年8月1日，宝鸡地区与宝鸡市合并，恢复省辖市领导县、区体制，麟游县仍归宝鸡市辖。

◎文苑拾萃

志愿者之心

佚 名

离开家乡

离开亲人

离开朋友

踏上征程

一起唱响

志愿者之歌

青春无悔

雄心万里

好儿女纵横天下

开拓进取

走进西部

让它更加美好

西部

因志愿者的到来

更加美好

更有激情

更有动力

人生选择

难得机遇

好儿女纵横天下

历练自己

来到西部

让自己更加成熟

志愿者

因走进西部

空间更多

机遇更多

进步更多

到西部去

到基层去

到祖国最需要的地方去

志愿者之歌

在激情与机遇的引导下

唱响